KOREAN *through* ENGLISH

by Sang-Oak LEE et al.,
SEOUL NATIONAL UNIVERSITY

한국어 3

HOLLYM
Elizabeth, NJ · Seoul

Korean throuhg English 3

Copyright © 1993
by Ministry of Culture and Tourism

Originally published in November 1992
by Ministry of Culture and Tourism

Second Edition, 1996
Third Edition, 1999
First printing, 1999
by Hollym International Corp.
18 Donald Place, Elizabeth, NJ 07208 U.S.A.
Phone: (908)353-1655 Fax: (908)353-0255
http://www.hollym.com

Published simultaneously in Korea
by Hollym Corporation; Publishers
13-13 Kwanchol-dong, Chongno-gu, Seoul 110-111, Korea
Phone: (02)735-7554 Fax:(02)730-5149
http://www.hollym.co.kr

ISBN: 0-5691-017-6(Book 3)
       0-5691-025-7(Tapes 3)
       0-5691-044-3(Audio package 3)
       0-5691-018-4(Book Set)
       0-5691-045-1(Audio package Set)
Library of Congress Catalog Card Number: 93-79442
Book Title & Cover Design © Hollym

Printed in Korea

Preface

1. This textbook was written by Sang-Oak Lee, Hi-Won Yoon, Jae-Young Han, Mee-Sun Han, and Eun-Gyu Choi at the Language Research Institute of Seoul National University. It comprises three volumes, with 25 lessons in each volume. This revised edition is supplemented with the "Let's Learn about Korea"(Cultural Column).

2. This texbook has been created under the following general guidelines for content:

   a) The content must be easy (in particular, vol. 1 and 2).

   b) It must be entertaining, as well as educational (particularly vol.3).

   c) It must reflect the phonological and grammatical characteristics of Korean.

   d) It must introduce aspects of Korean culture in a natural and unaffected way.

   e) It must enable individuals to study alone, without the aid of a teacher or classroom environment.

3. In order to meet the above guidelines, we have compiled a list of basic vocabulary items to be included in textbook. In this compilation we have relied on existing word frequency surveys, but have included some words out of their order in such surveys if they relate directly to the topic of the lesson. For the grammatical items, we first made a list of the grammatical morphemes of Korean, and then selected the most commonly used ones for inclusion in the textbook. As for pronunciation, we have listed and organized the various phonetic and phonological rules of Korean, and included drills for them as they appear in the text.

4. Lessons 1 through 5 of Volume 1 are devoted to the introduction and practice of the Korean alphabet *Han-gŭl*. This alphabet, invented more than 500 years ago (in 1443 to be exact) by King Sejong, is based on careful observation of the phonological characteristics of the Korean language, and is perhaps the most scientific alphabet ever created. Students unfamiliar with it will find it very logical and easy to learn. Practice in writing the characters is included for familiarization

with the structure of *Han-gŭl*. Students are urged to pay close attention to stroke order, and to make sure that lines are evenly spaced and each syllable fits neatly within a square box.

5. Each lesson is made up of Vocabulary, Pronunciation, Main Text, Grammar, and Exercise sections.

In the Vocabulary section, the new words of the lesson are presented along with a brief gloss in English. These glosses provide a general idea of the meaning of the words; for more in-depth definitions students are encouraged to consult at good dictionary or a native speaker of Korean.

The Pronunciation sections single out vocabulary items which are unusual or which have proven particularly difficult for English speakers. The characteristic sounds of Korean should be learned accurately at an early stage, to prevent the formation of bad habits which are difficult to correct later on.

In the Main Texts, every effort has been made to provide interesting dialogues. We have also included various aspects of Korean culture that are necessary in learning the language of Korea. In doing so, we have tried to blend cultural information into the text in natural way, and have tried to present the Korean culture of today, avoiding a dry overemphasis on traditional culture. The division of most lesson's Main Text into two sections is merely for a change of scene, and is not academically significant. In Book One, unlike in other upper-level books, participating characters are designated simply as A and B in order to study the text without the need to learn a complicated situation or unfamiliar names.

Explanations of grammatical items are presented in English for clearer understanding on the part of students who do not have the benefit of a teacher. The examples, however, are given without translations, and are intended to further elucidate the way in which a given grammatical item is used.

The Exercises should give students ample practice of the new vocabulary and grammatical items presented in each lesson.

6. The cultural columns are supplement aimed at helping foreigners and

Korean residents overseas understand Korean culture more deeply. The column named 'Let's Learn about Korea', when possible, pick up the theme of the main text and is designed to enhance the understanding of traditional culture and modern society in Korea. Considering the level of students, this column is written in English only in Book One, in both Korean and English in Book Two, and in Korean only in Book Three. Columns written in Korean may be used as further reading or listening texts. New vocabulary items, space permitting, glossed in English for learners' self study.

7. A glossary of vocabulary and grammatical items, and English translations of the Main Texts can be found at the back of the book. In Volume 1, however, the English translations are placed immediately following each Main Text.

In Volumes 2 and 3, however, the English translation of the dialogues has been placed at the back of the book. It is the authors' view that whereas the English translation is helpful at the early stages, it can become a hindrance at more advanced levels. At these levels it should be used more as a reference: for checking comprehension, for discovering the nuance of various expressions above and beyond their "dictionary definitions," and for cultural and social insights through the many footnotes.

8. The format of the glossary of Volume 1 is different form that of the other two volumes. In Volume 1, each item is listed exactly as it appears in the text, along with page on which it can be found. We feel that the beginning student cannot be expected to know the basic forms of new words. However, as intermediate and advanced students are at a higher level, all items in the glossaries of Volumes 2 and 3 are listed by their basic forms, along with the number of the lesson in which they are introduced.

Sang-Oak Lee

일러두기

1. 본 한국어 교과서는 서울대 어학연구소 주관으로 이상억, 윤희원, 한재영, 한미선, 최은규에 의해 1(152p), 2(206p), 3(228p)의 세 권으로 집필되었으며, 각 권은 각각 25개의 과로 구성되어 있다. 〈증보판〉은 '한국을 압시다'라는 문화란만을 새로이 편집하여 넣은 것이다.

2. 본 한국어 교과서에 담은 내용의 전반적인 방향은 다음과 같다.
   ① 우선 쉬어야 할 것. (특히 1권과 2권)
   ② 교육적이면서 재미가 있을 것. (특히 3권)
   ③ 한국어가 가지고 있는 음운, 문법 등의 특징적인 정보가 반영되도록 할 것.
   ④ 한국의 문화에 대하여 드러나지는 않되 자연스럽게 소개가 되도록 할 것.
   ⑤ 혼자서도 어느 정도 자습이 가능하도록 할 것.

3. 위의 전반적인 방향을 충족시키기 위하여 교과서에 담을 기초 어휘의 목록을 작성하였다. 그를 위하여 기존의 어휘 빈도 조사들에 의존했지만, 해당 장면의 대화에 필요한 어휘일 경우에는 기초 어휘의 우선 순위에 벗어나는 어휘들일지라도 대상으로 삼았다. 문법 항목에 대해서는 먼저 국어의 문법 형태소 목록을 작성하고, 사용 비중이 높은 문법 사항을 골라서 다룰 대상으로 삼았다. 발음에 대해서는 국어에 나타나는 발음 현상과 음운 규칙들을 먼저 정리하고 해당 현상과 규칙에 부합되는 용례가 나타나는 자리에서 연습이 되도록 하였다.

4. 한국어 1권에서는 처음 다섯과를 통하여 한글을 익히도록 하였다. 특히 직접 써보는 과정을 두어 한글의 글자 구조를 익히도록 하였다.

5. 각 과는 어휘와 발음, 본문, 문법, 연습 문제로 구성되어 있다. 어휘에서는 매과 새로이 소개되는 어휘에 대하여 영어로 간단한 설명을 두었다. 사전이 없이도 공부가 가능하도록 하기 위한 조처이다. 발음에서는 국어의 발음을 익히는 데에 필요한 단어들을 중심으로 다루었다. 본문은 가능한 한 재미있는 장면이 담기도록 노력하였다. 그와 함께 한국의 문화가 자연스럽게 소개될 수 있도록 대화 내용을 유도하였다. 그렇지만 한국의

문화가 과거의 것만이 아니라 현재 우리의 모습도 진정한 우리의 문화라는 점을 염두에 두어 고루한 내용이 되는 것을 피하고자 하였다. 본문은 대부분 제1부와 제2부로 구성이 되어 있는데 장면의 전환을 위한 조처로 이해하면 될 것이다. 1권에서만은 장면에 등장하는 인물을 일부러 A와 B로 단순화하여 굳이 상황을 복잡하게 설정하지 않고도 학습할 수 있도록 하였다. 본문을 읽어 나가면서 문제가 될 만한 항목들에 대해서는 본문의 영어 번역 부분에서 따로 영어로 설명을 베풀었다. 문법 항목은 바로 영어로 설명하여 자습자를 배려하였다. 그러나 해당 문법 항목이 나타나는 용례에 대해서는 의도적으로 번역을 달지 않았다. 주어진 문법 항목의 설명만으로는 갈증을 느끼는 자습자를 고려한 것이다. 연습문제는 주로 해당 과에서 학습한 내용을 충분히 연습할 수 있도록 하였다.

6. 외국인과 교포 학습자에게 한국의 문화를 이해시키고 보급하기 위하여 문화란을 증보하였다. 〈한국을 압시다〉라고 이름한 문화란은 되도록 본문의 주제와 관련있는 것을 택하였으며, 한국의 전통 문화와 현대 한국 사회의 이해를 돕게 하였다. 학습자의 수준을 고려하여, 1권은 영어로, 2권은 영어와 한글로, 3권은 한국어로만 집필하였으며, 한국어로 된 것은 읽기용으로, 혹은 듣기용으로 활용할 수 있게 하였다. 새로 나온 어휘는 자습의 편의를 위하여 여백이 있을 경우 간단한 영어로 설명하였다.

7. 각 권의 뒤에는 어휘·문법 색인과 본문의 영어 번역이 실리게 된다. 1권과는 달리 2, 3권에서는 본문의 영어 번역을 책의 맨 뒤로 돌렸다. 1권의 수준에서는 도움을 줄 수 있는 영어 번역이 2, 3권에서는 바로 보이면 방해가 될 수도 있기 때문이다.

8. 어휘·문법 색인은 1권과 2, 3권의 모습을 달리하였다. 1권에서는 본문에 나타나는 형태를 그대로 보여주며, 해당 면수를 밝혔다. 기본형을 모르는 초심자를 고려한 조처이다. 2, 3권에서는 학습자의 수준을 고려하여 기본 형태를 보이고, 출현 과를 밝혔다.

〈이 상 억〉

Contents

목　차

제 1 과　택시

※ 어휘 Vocabulary

가다	to go	아니다	to be not
감다	to shut one's eyes	아이고	oh, my gosh
과	lesson	아저씨	middle aged man, sir
그럼	then	알다	to know
기사	driver	어디	where
꼭	tightly	어서	① (if you) please
너무	too		② without delay
네	yes	어휴	(sigh)
눈	eye	여기	here
다	all, both	오다	to come
달달	(shaking)	요금	fare, price
덜덜거리다	(shaking)	원	(Korean monetary unit)
돈	money	이것	this (thing)
떨리다	to tremble	이다	to be
뜨다	to open one's eyes	있다	to have, exist
모시다	to serve, take	자	(exclamation)
	someone somewhere	잘	well
무섭다	to be scared	정말	really
받다	to receive	제	my (humble)
벌써	already	좀	a little, please
보다	to look	짜리	something worth
빠르다	to be fast	차	car
서울역	Seoul Station	천천히	slowly
손님	guest ; customer	택시	taxi
아가씨	young woman	하하	Ha,ha

☏ 발음 Pronunciation

알겠습니다[알게씀니다]	천천히[천처니]
달달	떨려요
빨라요	오셨나[오션나]

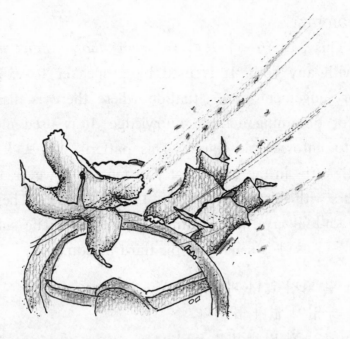

택시 기사 : 어서 오십시오. 어디로 모실까요?
아가씨　　 : 서울역이오.
택시 기사 : 네, 잘 알겠습니다.
아가씨　　 : 아저씨, 좀 천천히 가세요. 달달 떨려요.
택시 기사 : 네? 차가 덜덜거린다구요?
아가씨　　 : 아니오. 너무 빨라요. 무서워요.
택시 기사 : 하하, 무섭습니까? 그럼, 저처럼 눈을 꼭 감으세요.
아가씨　　 : 네? 아이고.

* * * * * * * * *

택시 기사 : 자, 다 왔습니다.
아가씨　　 : 벌써요?
택시 기사 : 정말 눈을 감고 오셨나 보군요.
아가씨　　 : 그럼요. 너무 무서웠거든요.
택시 기사 : 요금은 4,800원입니다.
아가씨　　 : 네, 여기 있습니다.
택시 기사 : 손님, 이건 1,000원짜리인데요.
아가씨　　 : 돈은 눈을 뜨고 받으시나 보죠?
택시 기사 : 네? 어휴.

☞ 문법　Grammar

1. -나 보다 : This pattern -나 보다 (*it seems that, I think that*) can be used with any verb. It is used by a speaker to express an opinion or judgement in a situation where there is insufficient evidence for obtaining definite knowledge. It is used mostly in reference to unforseeable things. This pattern -나 보다 is used mostly with verbs in the present or past tense. (However, the verb -이다 occurs with this pattern only in the past tense.) The pattern -(으)려나 보다 always has a future connotation. The subject of the pattern -나 보다 is usually in the third person.

　　　　소화가 잘 되지 않나 봐요.
　　　　오늘은 수업이 없나 봅니다.
　　　　요새 시력이 꽤 나빠졌나 보다.
　　　　비가 오려나 봐요.

2. -(으)시- : Korean custom requires an expression of reverence in speech whenever certain categories of people are spoken to or spoken about(parents, grandparents, elder brothers and sisters, high officials, guests, etc.). This is done by using humble forms in referring to oneself, certain items of vocabulary, or certain grammatical devices. All of these are called honorifics. Here we shall limit ourselves to the honorific infix '-시-'.

① Most verbs which do not have a specific honorific counterpart are easily made honorific by inserting the infix-시/으시- between the verb stem and the endings.

② The honorific infix appears in different forms ;
　　a. -시- after verb stems ending in a vowel.
　　b. -으시- after verb stems ending in a consonant.

③ The infix -시- can be used with most speech styles.
　　　　정 그러시다면 다음에 제가 빵을 사겠습니다.
　　　　옆 교실에서 수업 중이니, 조용히 하십시오.

3. -ㄹ까요 : The pattern -ㄹ까요 is used to ask someone's view,

opinion, or appraisal about a certain matter or fact. It is used with any verb.

우리 다른 데서 만날까요?
어느 예금의 이율이 가장 높은지 물어 볼까요?
9시까지 도착할 수 있을까요?

▨ 연습문제　Exercises

1. 다음을 읽으세요.

알겠습니다.　　　　　　　　　왔습니다.

2. 본문을 읽고 다음 물음에 답하세요.

(1) 아가씨가 가려고 한 곳은 어디입니까?
(2) 아가씨는 왜 무섭다고 하였습니까?
(3) 택시 기사의 말에 아가씨가 놀란 까닭은 무엇입니까?
(4) 요금은 얼마가 나왔습니까?
(5) 아가씨가 1,000원을 낸 까닭은 무엇입니까?

3. 보기와 같이 고치세요.

[보기] 방이 넓어요. → 넓은 방이군요.

(1) 옷이 비싸요.
(2) 방이 깨끗해요.
(3) 영화가 괜찮아요.
(4) 음악이 듣기 좋아요.
(5) 시간이 너무 늦어요.

4. 보기와 같이 대답하세요.

[보기] 숙제를 했어요. → 숙제를 이미 해 두었거든요.

(1) 그에게 전화를 걸었어요.
(2) 감기약을 샀어요.
(3) 라디오를 고쳤어요.

(4) 먹을 것을 준비했어요.

(5) 청소를 했어요.

5. 다음 글을 읽고 물음에 답하세요.

어떤 사람이 서점에 소설책을 사러 갔습니다. "어서 오세요. 무슨 책을 찾으세요?" "저기 있는 소설책은 얼마입니까?" "1,000원입니다." "여기 돈 있습니다." 그 사람은 아가씨에게 10,000원을 주었습니다. 그러자 아가씨는 묻지도 않고 똑같은 책 10권을 싸서 주었습니다.

아가씨가 남자에게 몇 권을 사려는지 묻지도 않고 같은 책 10권을 준 까닭은 무엇인지 생각해 보세요.

♫노래를 불러봅시다.   Let's sing a song

구 슬 비

권 오순 요
안 병원 곡

조금 빠르게

1. 송 알 송 알 싸 리 잎 에 은 구 슬
2. 고 이 고 이 오 색 실 에 꿰 어 서

조 롱 조 롱 거 미 줄 에 옥 구 슬
달 빛 새 는 창 문 가 에 옥 두 라 고

대 롱 대 롱 풀 잎 마 다 총 총
포 슬 포 슬 풀 잎 마 다 총 총 종 일

방 긋 웃 는 꽃 잎 마 다 송 송 송
예 쁜 구 슬 맺 히 면 서 송 송 송

-6-

경 로 석

　고등 학교에 다니는 명수는 요즘 대학교 입학 시험 준비 때문에 눈 코 뜰 새가 없다. 새벽에 집에서 나와 저녁 8시경이 되어야 집에 돌아온다. 혹시 등하교 길에 차라도 막히면 피곤이 쌓여 죽을 지경이다.

　그런데 요즘 재미있는 일이 하나 생겼다. 친구들이 명수만 보면 "탤런트 오빠"라고 별명을 불러대기 때문이다. 그 얘기를 하자면 웃음이 절로 난다.

　며칠 전 중간 시험이 끝나서 집에 일찍 돌아오는 길이었다. 친구 서너 명과 버스를 탔는데 마침 경로석이 비어 있어 그들은 거기에 앉았다.

　한두 정거장쯤 지났을까? 노란 교복을 입은 귀여운 꼬마가 엄마하고 버스에 올랐다. 그리고 그 꼬마는 명수 앞에 서서 엄마에게 질문을 하기 시작했다. 경로석에는 노인이나 어린이 또는 환자가 앉는 자린데 왜 오빠들이 앉았느냐고 했다. 꼬마 얘기를 듣고 얼굴이 홍당무가 된 명수는 벌떡 일어나서 자리를 양보했다. 그 꼬마는 엄마에게 "엄마, 이 오빠, 탤런트 오빠 아니예요? 텔레비전에 나오는 그 오빠 같아요."라고 하면서 명수를 뚫어지게 쳐다보았다. 머쓱해진 명수는 어쩔줄을 몰라 하며 뒤통수를 긁적였다. 옆에 있던 친구들은 "그래, 꼬마야. 탤런트 오빠, 맞다 맞아."하면서 명수에게 한턱 내야지 그냥 넘어갈 수 없다고 야단들을 했다.

눈코뜰새 없다 be(kept) very busy	등하교 길 go to school and return home from school
쌓이다 be piled up	
경로석 a seat in honor of the aged	별명 a nickname
홍당무가 되다 turn red in the face	환자 a patient
머쓱하다 discouraged	뚫어지게 보다 fixedly stare at a person
긁적이다 to scratch	뒤통수 the back of the head
	한턱내다 to treat

제 2 과   자동차.

❀ 어휘   Vocabulary

가득	full	바르다	to spread, rub
가스통	gas canister	바쁘다	to be busy
갈다	to change	보이다	to be visible ; to show
갑자기	suddenly	브레이크	brake
개구리	frog	생각	thought
거의	almost	소리	sound
겁	fear	소심하다	to be narrow minded
게다가	what's more	실리다	to be loaded on
그래	that's right	아니	no, hey
그런	that kind of	아주	very
그렇게	that way	아주머니	middle aged woman, ma'am
기름	oil	어떠하다	to be a certain way
깜박이	turn signal	어떻게	how
깜빡	suddenly (forget)	어머	oh my gosh!
나다	to grow	엔진오일	engine oil
다시	again	여보세요	Hello
드리다	to give(hon.)	올챙이	tadpole
듣다	to obey	우선	first(priority)
들다	to lift	음	uh ; yeah
막대	(dip) stick	이상하다	to be strange
말	saying, word	이해하다	to understand
말다	Don't to not do	잊다	to forget
몹시	very	자동차	car
못하다	to be unable	적	time
묻다	to be smeared	조금	a little
뭐	what	초보운전자	beginning driver
미안하다	to be sorry ; I'm sorry	켜다	to turn on

아주머니 : 아저씨, 제 자동차 좀 봐 주세요. 이상한 소리가 나
요.

아저씨 : 그래요? 어디 볼까요? 음, 엔진오일은 어떤가요?
아니, 막대에 기름이 거의 묻어 있지 않은데요.
다시 갈아 드릴까요?

아주머니 : 지금 몹시 바빠요. 다음에 와서 갈기로 하고 우선
막대에 기름을 조금만 발라 주시겠어요?

아저씨 : 네?

* * * * * * * * *

아저씨 : 여보세요. 깜박이도 켜지 않고 그렇게 갑자기 들어
오면 어떻게 해요?

아주머니 : 어머, 미안해요. 초보운전자이거든요. 깜빡 잊었어
요.

아저씨 : 제 차에 가득 실린 가스통 보이지요?
게다가 제 차는 브레이크도 잘 듣지 않아요.

아주머니 : 겁 주지 마세요. 저는 아주 소심하니까요.
아저씨도 처음에는 초보운전자였잖아요. 이해해
주세요.

아저씨 : 뭐라구요? 개구리가 올챙이 적 생각 못한다는 말입
니까?

아주머니 : 그런 소리는 아닌데.

☎ 발음   Pronunciation

않은데요[아는데요]   않거든요[안커든뇨]

초보운전자였잖아요[초보운전자여짜나요]

☞ 문법   Grammar

1. -ㄴ가요 : The -ㄴ(은)가요 shape of this ending occurs in two cases : with descriptive verbs in the present tense and with -이- in the present tense. In all other cases the ending is -는가요. The ending -ㄴ(은, 는)가요, used with any verb, is similar in meaning to the ending -나요. It is an informal polite way of asking questions or expressing doubt. By dropping the final particle -요, you get the intimate style form. With children and sometimes with close friends you use the intimate style form.

   냉면은 라면과 비슷한가요?

   아영 씨가 그렇게 예쁜가요?

2. -기로 하다 : The sentence-final ending -기로 하다 *decides to do so-and-so; plans to do so-and-so* is used mostly with action verbs. The English equivalent of this pattern is decides to do so-and-so,plans to do so-and-so. The sentence-final ending -기로 하다 (preceded by action verbs) indicates choosing between two or more alternatives or deciding on a plan, or changing a plan. The tense is regularly expressed in the final verb -하다, not in the verb with -기로.

   계획표에 따라 식사량을 줄이기로 했어요.

   한아영 씨와 만나기로 했습니다.

   그와 함께 식사하기로 했습니다.

3. -지요 : The polite informal style can be given a nuance of casualness by replacing the infinitive ending -아(-어, -여) before 요 with the marker -지. -지요 is a sentence final ending and can be used with action verbs as well as with descriptive verbs, -있어 요 and -이에요 included.

   It can be used in statements, commands, propositions and

questions. In statements it is often used for giving information. In commands and propositions the marker -지 sounds especially casual and therefore humble when the verb is honorific. In questions -지 sometimes signals a faint doubt or conjecture. Answering questions about oneself is usually done by employing the -아요, not the -지요 form.

Since the ending -치요 is the same for all types of sentences, the intonation and especially the final contour are of great importance.

언제 한국에 오셨지요?
언제 한국에 오셨어요?
커피는 마셨지요.
커피는 마셨어요.
한국에는 산이 많지.
한국에는 산이 많아.

▨ 연습문제   Exercises

1. 다음을 읽으세요.

않은데요   않거든요
초보운전자였었잖아요

2. 본문을 읽고 다음 물음에 답하세요.

(1) 바쁜 아주머니가 잘못 생각한 내용은 무엇입니까?
(2) 아주머니는 왜 겁주지 말라고 하였습니까?
(3) 개구리가 올챙이 적 생각 못한다는 말은 어떠한 뜻입니까?
(4) 본문에 나오는 외래어는 무엇입니까?
(5) 초보운전자는 어떠한 사람입니까?

3. 보기와 같이 고치세요.

[보기] 방이 넓어요. → 방이 넓은가요?

(1) 옷이 비싸요.

(2) 방이 깨끗해요.

(3) 영화가 괜찮아요.

(4) 음악이 듣기 좋아요.

(5) 기차가 너무 느려요.

4. 보기와 같이 대답하세요.

[보기] 숙제를 함께 하다. → 숙제를 함께 하기로 했어요.

(1) 그에게 전화를 걸다.

(2) 감기약을 사다.

(3) 라디오를 고치다.

(4) 선희가 먹을 것을 준비하다.

(5) 문영이가 청소를 하다.

♬노래를 불러봅시다.   Let's sing a song

금 강 산

-12-

친 절

학원 강사인 제임스 선생님은 어느 날 경복궁에 가려고 자기 반 학생인 준호에게 길을 물었다. 준호는 열심히 그 곳으로 가는 방법을 가르쳐 주었으나 그는 잘 알아듣지 못했다. 서울에 온 지 얼마 안 되어 지리도 모르고 한국말도 서툴러서 혼자 찾을 수 없을 것 같았다.

준호는 다른 볼 일이 있었지만 자기 일을 미루고 제임스 선생님에게 친절을 베풀기로 마음먹고 안내를 했다. 경복궁에 가면서 택시 요금도 내고 같이 다니면서 한국의 역사에 대해 설명도 해 주었다.

점심 때가 되어서 그 근처 식당에서 점심을 먹었는데 점심 값도 준호가 냈다. 왜냐하면 제임스 선생님은 외국인이고 선생님이시니까 그렇게 했다. 제임스 선생님은 당황해 하면서 왜 돈을 따로 따로 않내느냐고 했다. 그 말을 듣는 순간 준호는 자기 일도 미루고 그에게 친절을 베푼 것이 후회가 될 정도로 섭섭한 생각이 들었다. 그 선생님과의 만남을 기쁘게 생각하고 행동했는데 너무 타산적으로, 생전 처음 보는 사람같이 대하니 말이다. 다음에 기회를 만들어 갚을 수도 있지 않은가?

베풀다 to give favors to others	역사 history
당황하다 to be embarrassed	섭섭하다 to be dissappointed
미루다 to put off	후회 regret
타산적 self-centered	갚다 to repay

제 3 과   이름

✿ 어휘   Vocabulary

같다	to be the same	바보	fool
내	my	부르다	to call
놀다	to play	선영	(name)
누가	who(subj.)	어째서	why
누구를	who(obj.)	언니	elder sister (of a girl)
늦다	to be late	유치원	kindergarten
들	(plural marker)	이야기	story
때문	reason, cause	짓다	to make
무슨	what kind of	참	by the way
묻다	to ask	혹시	perhaps
미리	in advance		

☎ 발음   Pronunciation

묻니[문니]   부르잖아요[부르자나요]

같아요[가타요]

♫ 노래를 불러봅시다.   Let's sing a song

'리'자로 끝나는 말

-14-

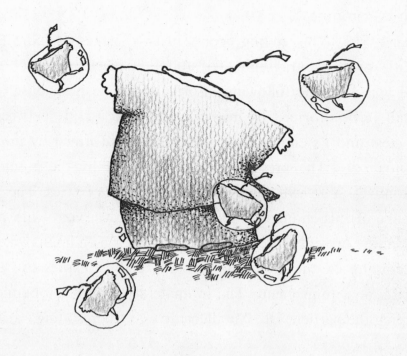

어머니 : 왜 이렇게 늦었니? 놀다 왔구나?

선영　 : 참, 어머니, 누가 내 이름을 선영이라고 지었어요?

어머니 : 나란다. 그건 왜 묻니?

선영　 : 이름을 아주 잘 지은 것 같아요.

어머니 : 어째서?

선영　 : 유치원에 갔더니 모두들 나를 선영이라고 부르잖아
　　　　요.
　　　　다른 사람들이 선영이라고 부를 걸 어떻게 미리 아셨
　　　　어요?

* * * * * * * * *

어머니 : 너 혹시 네 언니 이름은 알고 있니?

선영　 : 아니, 어머니! 누구를 바보로 아세요? 문영이지요.

어머니 : 그래! 그건 어떻게 알았지?

선영　 : 어머니 아버지께서 그렇게 부르시니까요.

어머니 : 네가 지어 부른 건 아니고?

선영　 : 무슨 이야기인지 알겠어요. 제가 어머니 때문에 저를
　　　　선영이라고 부른다고 했더니 하시는 말씀이군요.

☞ 문법 Grammar

1. -군요/-는군요 : This ending occurs in two shapes as indicated in the title of this paragraph. To study the occurrences of either shape you need the following information. The past tense of the Korean verb is formed by inserting the infix -았/었- between the verb stem and its ending. The future tense is formed by inserting the infix -겠-. The present tense is signalled by the absence of these infixes. You will soon hear more of these infixes. The -는군요 shape of this ending occurs in only one case, viz. , with action verbs in the present tense. In all other cases the ending is -군요.

According to the circumstances this ending expresses delight, surprise, or astonishment. The intimate style form is obtained by dropping the particle -요. An alternative to the resulting -군 is -구나.

방이 깨끗해 보이는군요.
예약이 되어 있구나.
오늘은 운이 좋군요.
밥 10그릇을 한꺼번에 다 먹다니 굉장하군.
이번 여행 기간은 금요일부터 일요일까지 2박 3일이 되겠군요.

2. -더니 : The pattern -더니 is used when the speaker recalls (or recollects) past facts, occurrences, or experiences. The final (main) clause preceded by the -더니 clause describes an immediate result, consequence or discovery resulting from an action. The English equivalent of this pattern is so, when, but etc. The pattern -더니, when used with the past tense infix, refers only to the first person in the dependent clause. But the pattern -더니, when used in the present tense, refers to the third person or second person in the dependent clause.

냉장고에 안 넣었더니, 음식이 상하고 말았어요.
화를 내고 가더니 아직 오지 않아요.

3. -다(가) : The non-final ending -다(가) is directly attached to the

stem of the action verb and indicates change or shift of action. When the pattern -다(가) is used in the present tense, it indicates the interruption or discontinuance of an action. However, when this pattern -다(가) is used with the past tense, it indicates the reversal, nullification or unanticipated consequence of an action, after the first action has been completed.

When two past transferentives are followed by a form of the verb 하다, it indicates alternation. The alternatives are usually the opposite words or contrastives. The subject of the two verbs must be the same and the particle -가 is optional.

식빵을 사러 갔다가 가끔 샌드위치를 먹어 봤어요.
우산을 안 가지고 학교에 갔다가 비를 잔뜩 맞았습니다.
학교에 가다가 비가 와서 우산을 가지러 왔습니다.
책을 사다가 서점에서 친구를 만났다.

4. -지(-가): The ending -지(-가) is always preceded by the modifier suffix -ㄴ(은), -는, or -ㄹ(을) and indicates an uncertain fact, event, or occurence. This pattern -지(-가) used with the modifier suffix is usually followed by verbs such as 알다 (to know), 모르다 (to do not know), 말하다 (to tell), 묻다 (to ask), 잊다 (to forget), 기억하다 (to remember), etc.

-ㄴ(은)지 is used with description verbs in the present tense and with -이(다) in the present tense. -ㄴ지 is used after verb stems ending in a vowel, -은지 is used after verb stems ending in a consonant. In all other cases, -는지 is used. -ㄹ(을) is used either with action verbs or with description verbs. -ㄹ지 is used after verb stems ending in a vowel, -을지 is used after verb stems ending in a consonant.

The ending -지 is more frequently used than -가 in colloquial speech. It can be directly followed by the particles such as -을/-를, -은/-는, or -도.

음식이 입에 맞을지 걱정입니다.

그 분이 일을 잘 할지 걱정입니다.
은행원에게 외국인도 예금을 할 수 있는지 물었습니다.
어느 예금의 이율이 가장 높은지 물어 볼까요?
윌슨 씨가 좀 불편했는지 모릅니다.
윌슨 씨가 좀 불편한지 모릅니다.
윌슨 씨가 좀 불편할(는)지 모릅니다.

5. -것 같다 : be likely to
   -것과 같다 : be the same, equal
   이 만년필은 아영 씨가 준 것 같아요.
   이 만년필은 아영 씨가 준 것과 같아요.
   이 글은 서영이가 쓴 것 같습니다.
   이 글은 서영이가 쓴 것과 같습니다.

6. Use of the Plural Suffix "-들"
   Plurality of nouns in Korean is indicated by the plural suffix
   "-들." Unlike English, the plural suffix is optional in situations
   in which the plurality of the subject is understood. For example,
   in "our students [the students in our department]" would be
   expressed more commonly as "우리 학생," rather than as "우리
   학생들." When a definite pronoun, such as "이," "그," and
   "저," is placed before the noun, "-들" is required to indicate
   plurality because "그 학생" (that student) refers to only one
   student, whereas "그 학생들" (those students) refers to a group
   of several students.

☒ 연습문제 Exercises
1. 다음을 읽으세요.

   (1) 같다, 같으니, 같고, 같이
   (2) 물니, 물고

2. 본문을 읽고 다음 물음에 답하세요.

   (1) 선영이의 이름을 지은 사람은 누구입니까?

(2) 선영이가 자기 이름을 지은 사람에 대하여 물은 까닭은 무엇
   입니까?
(3) 선영이 언니의 이름은 무엇입니까?
(4) 선영이는 어디에 갔다 왔습니까?
(5) 선영이가 잘못 생각하고 있는 것은 무엇입니까?

3. '때문에'와 주어진 단어를 사용하여 다음 물음에 답하세요.

(1) 왜 늦었어요?(교통이 복잡하다)
(2) 왜 숙제를 안 했어요?(어제 너무 피곤하다)
(3) 왜 전화를 걸지 않았어요?(시간이 너무 늦다)
(4) 왜 그가 병원에 갔어요?(감기가 걸리다)
(5) 왜 그 영화를 보러 가지 않으세요?(이미 그 영화를 보다)

● 한국을 압시다   덤

　　서울 변두리에 있는 우리 동네는 한쪽에는 주택가가 모여 있고 반대편
길 건너쪽에는 아파트 단지로 되어 있다.
　　아파트 단지에는 상가가 많고 슈퍼마켓이 있어 생활용품을 사기가 쉽다.
일년에 서너 번씩 돌아오는 세일 기간에는 사람들이 많이 몰려들어 물
건을 사고 팔기도 한다. 물건을 많이 산 사람들에게는 구입한 가격에 따
라 크고 작은 선물을 주기도 하는 것이 요즘 유행이다.
　　그렇지만 주부인 나는 가끔 길을 건너서 주택가에 아직도 남아 있는 재
래식 시장에 들르곤 한다. 거기에 가면 낯익은 아주머니, 아저씨들이 시
골에서 직접 가져온 싱싱한 야채, 과일을 싼 값에 판다.
　　특별히 내가 거기 가는 이유는 콩나물 파는 아주머니 때문이다. 그 아
주머니는 아주 부지런해서 자기 집에서 직접 기른 콩나물을 판다. 정성껏
기른 콩나물이 검은 보자기 속에서 얼굴을 내밀면 정말 싱싱하고 예쁘다.
　　그 아주머니에게 천원어치 달라고 하면 큼직한 손으로 한 웅큼씩 뽑아
서 담아주는데 값만큼만 주는 것이 아니고 꼭 덤으로 더 준다. 오는 정이
있으면 가는 정도 있기 마련이 아닌가?
　　인심 좋은 아주머니의 맛있는 콩나물은 소문이 나서 일찍 가지 않으면
살 수가 없을 정도다.

제 4 과   반올림

❀ 어휘   Vocabulary

가깝다	to be near	반올림	rounding
감자	potato	보통	ordinary
거리	distance	분	minute
관	(measure of weight)	비싸다	to be expensive
그	that	수	number
그램	gram	얘기하다	to talk
그러니까	therefore	어떤	what kind of ; a certain
그러면	if so	얼마나	how much(emphatic)
근	(measure of weight)	없다	to not exist/ have
금	gold	역시	as expected
끝	end	우리	we, us
끝자리	last digit	작다	to be small
대충	overall	재미있다	to be fun, interesting
더	more	정확하다	to be exact
되다	to become	제일	first, most
때	time	지하철역	subway station
또	again	크다	to be big
똑똑하다	to be smart	킬로그램	kilogram
몇	how many ; a few	킬로미터	kilometer
밑	bottom	한	one
바로	exactly ; straight	행인	passerby

☏ 발음   Pronunciation

끝자리[끄짜리]   끝도[끄또]

않고[안코]   않아[아나]

행인 : 여기서 제일 가까운 지하철역까지 거리가 얼마나 되죠?

선희 : 2.1Km입니다.

행인 : 하하, 재미있으신 분이시군요.

선희 : 네? 뭐가요?

행인 : 우리들은 보통 그런 거리를 얘기할 때 끝자리 수는 반올림을 하거든요.

선희 : 그게 바로 끝자리 수를 반올림한 건데요.

* * * * * * * * *

선영 : 언니, 참 이상하지 않아?

문영 : 또 무슨 소리니? 밑도 끝도 없이.

선영 : 큰 것은 대충 반올림을 하면서, 작은 것은 아주 정확하게 하려고 하니 말야.

문영 : 그게 뭔데?

선영 : 감자 한 근은 몇 그램이고, 한 관은 몇 킬로그램이지?

문영 : 그야 한 근은 375그램을 반올림해서 400그램이고, 한 관은 4킬로그램이지.

선영 : 그러면 금 한 돈은?

문영 : 그러니까 금은 왜 반올림하지 않고 한 돈을 3.75그램으로 하느냐는 거지?

선영 : 언니는 역시 똑똑해.

문영 : 어떤 게 더 비싼 것인지는 너도 잘 알고 있잖니?

☞ 문법 Grammar

1. -로 : This particle is expresses as '로' when attached behind a word
   ending in a vowel or the consonant 'ㄹ'. With the exception of the
   consonant 'ㄹ', all words ending with a consonant will take '으로'.
   The meanings are as follows :

   ① 칼로 과일을 깎았습니다.(도구)
   ② 나무로 집을 지었다.(재료)
   ③ 선생님은 학교에 전철로 오십니다.
      프랑스 사람들은 영어로 말하지 않는다.(수단)
   ④ 누나가 감기로 학교에 가지 못했어요.(원인, 동기)
   ⑤ 친구들은 먼저 서울로 떠났습니다.(방향)
   ⑥ 저는 한국 대표로 회의에 참석하였습니다.(자격)
   ⑦ 얼음이 물로 되었다.(변화)
   ⑧ 우리는 경주로 하여 부산에 가겠습니다.(경유)
   ⑨ 나는 한국말을 공부하기로 마음을 먹었다.(결정)
      이번 여행에는 서영이도 함께 가기로 약속하였다.(약속)
   ⑩ 친구가 내 동생을 아내로 삼았다.(신분)
      목수가 나무로 이쑤시개를 만들었다..(대상)
   ⑪ 어제부터 한국어 공부시간을 두배로 늘였다.
      인류학자가 인간을 세 가지로 구분하였다.(내용)
   ⑫ 어린 나이에 그런 생각을 하다니 참으로 놀라운 일입니다.(평
      가)
      학생의 할 일은 밤낮으로 공부하는 것이다.(시간)
   ⑬ 공부를 시작하는 것은 9시부터로 하였다.(선택)

2. -야 : The particle of contrast. Cf. -은/는

   내일까지야 그 곳에 도착하겠지요.
   철수야 돌아오겠지요.
   나야 벌써 가보았지요.

3. -면서 : The non-final ending -(으)면서 *while doing so-and-so* is

attached directly to the stem of action verbs. The pattern -(으)면서 is used when two actions are performed simultaneously by the same subject. Cf. -는 동안 The tense is expressed in the main clause, not in the clause with -(으)면서. -면서 after verb stems ending in a vowel;-으면서 after verb stems ending in a consonant.

밥을 먹으면서 이야기를 하지 마세요.
음악을 들으면서 신문을 보았어요.
오면서 보니까 진달래가 예쁘게 피었더라.

◉ 보충자료 Supplement

1. 어느 : ① It is used in front of a noun when asking which of several given people or objects is the right one.

어느 것이 네가 잃어버린 도끼냐?

② It is used in front of nouns such as '정도' and '만큼' when asking for extent or capacity.

저 자동차의 가격은 어느 정도입니까?

③ It is used when a given people or objects are not clear in order to express who or what.

어느 책에 그렇게 쓰여 있었습니다.

④ It is used the same as '어떤' in front of nouns taking '-나/이나, -든/이든, -든지/이든지' and '-라도/이라도'. Such expressions are used to express objects without limits.

어느 것이나 네 마음대로 골라라.

2. 무슨 : It is used when asking about the character of objects. Whereas '어떤' is used to ask about the accidental characteristics of an object, '무슨' asks for the essential characteristics.

무슨 여자가 저래?

1. 다음을 읽으세요.

   (1) 끝자리, 끝도   (2) 않고, 않아

2. 본문을 읽고 다음 물음에 답하세요.

   (1) 행인이 잘못 생각했던 것은 무엇입니까?
   (2) 반올림은 무엇입니까?
   (3) 선영이가 이상하다고 생각했던 것은 무엇입니까?
   (4) 선영이가 언니가 똑똑하다고 생각한 까닭은 무엇입니까?
   (5) 고기는 한 근이 600g입니다. 고기 6kg을 한 관이라고 하지 않
       고 열 근이라고 하는 까닭은 무엇일까요?

3. 주어진 단어를 사용하여 괄호를 채우세요.

   (1) 먹다 : 배가 고파요. (   ) 것 좀 주세요.
   (2) 마시다 : 목이 마르군요. (   ) 물 좀 주세요.
   (3) 얘기하다 : 잠깐 시간을 내 주세요. (   ) 것이 있어요.
   (4) 오다 : 그만 기다립시다. 더 (   ) 사람은 없을 거에요.
   (5) 읽다 : 기다리는 동안 (   ) 책을 주셨으면 좋겠어요.

4. 다음 단어의 반대말은 무엇입니까?

   (1) 가깝다   (2) 재미있다   (3) 크다
   (4) 비싸다   (5) 끝자리   (6) 언니

5. 올바른 대화가 되도록 순서를 바로 잡으시오.

가 : 그게 뭔데?
나 : 그러니까 금은 왜 반올림하지 않고 한 돈을 3.75그램으로 하

느냐는 거지?

다 : 그야 한 근은 375그램을 반올림해서 400그램이고, 한 관은 4
　　킬로그램이지.

라 : 또 무슨 소리니? 밑도 끝도 없이.

마 : 어떤 게 더 비싼 것인지는 너도 잘 알고 있잖니?

바 : 감자 한 근은 몇 그램이고, 한 관은 몇 킬로그램이지?

사 : 그러면 금 한 돈은?

아 : 언니, 참 이상하지 않아?

자 : 언니는 역시 똑똑해.

차 : 큰 것은 대충 반올림을 하면서, 작은 것은 아주 정확하게 하려
　　고 하니 말야.

● 한국을 압시다

알면 편해요

전화가 있으면 참 편해요. 급한 일이 있을 때, 도움을 받아야 할 때, 알
고 싶은 일이 있을 때, 전화기만 들면 되니까요. 그러면 좀더 자세히 알려
드릴까요?

1) 112 : 범죄 신고
2) 113 : 간첩 신고
3) 114 : 전화 번호를 모를 때
4) 116 : 시간을 물어 볼 때
5) 119 : 불이 났을 때, 구급차를 부를 때
6) 131 : 날씨를 알고 싶을 때

잘 아셨어요? 또 재미있는 전화 번호가 있어요. 가르쳐 드릴게요.
700-1155를 걸면 여러 가지 자연의 소리를 들을 수 있어요. '파도 소리,
새 소리, 곤충 소리, 소나기 소리!'

어때요? 참 재미있지요?

한국에서 제일 처음 전화를 쓴 사람은 누구일까요? 1898년 고종 황제였
어요. 황제가 덕수궁에 계실 때에요. 1902년부터는 서울과 인천에 사는
사람들이 전화를 할 수 있게 되었어요. 부산은 1903년부터에요. 여러분의
나라에서는 언제부터 전화를 썼어요?

제 5 과   엉뚱한 욕심

✿ 어휘 Vocabulary

가족	family	아이	child
공평하다	to be fair	어울리다	to go well together
김치국	kimch'i soup	언제나	always
껴안다	to hug	엉뚱하다	to be nonsensical
나오다	to come out	엉큼하다	sly, dirty-minded
남말	someone else's words	여보	honey
남자	boy, man	여자	woman, girl
남편	husband	여행권	ticket (for travel)
당신	you	여행하다	to travel
떡	rice cake	온	whole
똑같다	to be identical	옷	clothes
마시다	to drink	욕심	selfishness, greed
맞추다	to fit	응	yeah
무엇	what	이런	this kind of
물론	of course	자기	(one's) own, oneself
사돈	in-law	전기면도기	eletric shaver
사람	person	제주도	(island)(See note.)
상	prize	좋다	to be good
상품	prize	진주목걸이	pearl necklace
새로	newly	채우다	to fill
생각하다	to think	하느님	God
아내	wife	함께	together

☎ 발음 Pronunciation

여행권[여행꿘] 김치국[김치꾹]

좋다[조타] 맞춘[맏춘, 마춘]

아내 : 여보, 우리 아이가 TV퀴즈 프로그램에 나간대요.
남편 : 그래요? 물론 상을 받겠지? 상품은 뭘까? 새로 나온 전기
　　　 면도기였으면 좋을텐데……
아내 : 난 새로 맞춘 옷에 어울리는 진주목걸이였으면 좋겠어
　　　 요.
남편 : 당신은 언제나 자기 욕심만 채우려고 하더군.
아내 : 사돈 남말 하듯 하시네요.
남편 : 그럼 우리 공평하게 온가족이 함께 제주도를 여행할 수
　　　 있는 여행권은 어떨까?
아내 : 떡 줄 사람은 생각하지도 않는데 김치국부터 마시기에
　　　 요?

* * * * * * * * *

여자 : 자기 지금 무슨 생각하세요?
남자 : 응? 응. 자기하고 똑같은 생각.
여자 : 뭐라구요? 이런 엉큼한 남자같으니.
　　　 여기서 나를 꼭 껴안으려고요?
남자 : 어휴. 하느님.

☞ 문법 Grammar

1. -더- : The retrospective marker -더- is inserted between the verb stem (or the verb stem plus the infixes -시- and/or -았-, -겠- etc.) and the verb ending. The marker -더- is often used when the speaker recalls an event observed by himself or by someone else.

빵맛이 괜찮더군요.
그 사람 인상이 좋더군요.
음식맛이 괜찮더군요.
거기 가더라도, 가끔 제게 연락하세요.
그런 소문이 돌더라.

2. -ㄹ(을)텐데 : The non-final ending -ㄹ(을)텐데 I thought (suppose, think) that., but used with any verb ends a dependent clause and is followed by a main clause. The English equivalent of this pattern is I thought(suppose, think) that., but. -ㄹ텐데 is used after verb stems ending in a vowel ; -을텐데 after verb stems ending in a consonant. -ㄹ(을)텐데 is a contraction of -ㄹ(을)터 인데.

이런 것은 비쌀 텐데요.
사람들이 곧 올 텐데요.

3. -듯(이) : ① is like, is as(if)
② seeming (to be), looking(like)

선생님이 이야기하듯 합니다.
굶기를 밥 먹듯 합니다.
코끼리가 먹듯 먹어요.
네 형이 하듯 해라.
땀이 비 오듯 흐른다.
Cf. 비가 오듯 한다.
비가 온 듯하다.
비가 올 듯하다.
학생이듯 합니다.

학생인 듯합니다.
학생일 듯 합니다.

▦ 연습문제　Exercises

1. 다음을 읽으세요.

(1) 여행권, 김치국
(2) 좋다 - 좋은, 쌓다 - 쌓은, 넣다 - 넣은,
　　그렇다 - 그런, 하얗다 - 하얀

2. 본문을 읽고 다음 물음에 답하세요.

(1) 남편이 가지고 싶어 하는 물건은 무엇입니까?
(2) 아내가 가지고 싶어 하는 물건은 무엇입니까?
(3) 떡 줄 사람이란 누구를 가리킵니까?
(4) 여자가 생각하고 있었던 것은 무엇입니까?
(5) 대화를 하고 있는 여자와 남자 중에 누가 더 엉큼합니까?

3. 다음 말의 의미에 대하여 이야기해 보세요.

(1) 낫 놓고 기역자도 모른다.
(2) 낮말은 새가 듣고, 밤말은 쥐가 듣는다.
(3) 그림의 떡.
(4) 호랑이도 제 말하면 온다.
(5) 천리 길도 한 걸음부터.

4. 보기와 같이 대화를 만드세요.

[보기] 지금 가다 → 지금 갔으면 좋겠어요.

(1) 10시에 댁으로 전화를 걸다
(2) 커피를 사다
(3) 수업시간에 조용히 하다
(4) 잠시 후 다방으로 나가다
(5) 다음부터 약속을 지키다

5. 다음 대화에서 ( ) 안의 말 가운데 알맞은 말을 고르세요.

   (1) 재민 : 지금 배가 몹시 (고프더군요, 고프거든요).
   (2) 아영 : 집으로 (가다가, 갔다가), 도중에 빵집에 들르지요.
   (3) 재민 : 수업이 (끝난, 끝낸) 후에 같이 갑시다.
   (4) 아영 : 제가 좋은 제과점을 알고 있어요. (아무, 무슨) 것이나
             맛이 있어요.
   (5) 재민 : 덕분에 맛있는 빵을 (먹겠군요, 드시겠군요).

♬ 노래를 불러봅시다.   Let's sing a song

-30-

젊어지는 샘물

옛날 옛적에 어떤 깊은 산골에 마음씨 착한 할아버지와 할머니가 살았어요. 이 두 사람은 너무 가난했어요. 날마다 할아버지가 산에 가서 나무를 해다가 팔아서 겨우 겨우 살아갔어요. 그러나 가난하게 사는 것보다더 큰 서러움은 자식이 없는 것이었어요.

어느 따뜻한 봄 날, 할아버지는 다른 때와 마찬가지로 나무가 우거진 깊은 산속으로 들어가서 나무를 하고 있었어요. 그런데 그 때 어디서 날아왔는지 이상하게 생긴 파랑새 한 마리가 나뭇가지에 앉아 고운 목소리로 노래를 하기 시작했어요. 할아버지가 이마의 땀을 닦으며 예쁜 파랑새를 바라보았어요. 그러자 그 새는 무슨 말이라도 하려는 듯이 계속 노래를 하면서 다른 나뭇가지로 옮겨 다녔어요.

할아버지는 나무할 생각도 잊어버리고 파랑새의 노래 소리를 따라 한참 돌아다녔어요. 그러다가 어느 산골짜기의 샘물이 있는 곳에 이르렀어요. 목이 마른 할아버지는 두 손으로 서너 번 샘물을 떠 마셨어요. 그러자 할아버지는 마치 술을 마신것처럼 정신이 얼떨떨해져서 잠이 들고 말았어요.

할아버지가 잠에서 깨어 보니 벌써 어두운 저녁이 되었어요. 할아버지는 지게를 찾아가지고 낮에 찍어놓은 나무를 한 짐 졌어요. 그런데 웬 일인지 나뭇짐이 하나도 무겁지 않고 기분이 좋았어요.

할머니는 집에 돌아온 할아버지를 보고 깜짝 놀랐어요. 왜냐하면 옛날 할아버지 모습을 닮은 웬 젊은이가 나타났거든요. 파랑새를 따라가서 샘물을 마신 할아버지가 30년이나 젊어진 것이지요. 그 다음 날 할머니도 그곳에 가서 샘물을 마시고 30년 젊어지게 되었어요.

이 소문이 사방에 퍼지자 그 동네 사는 욕심쟁이 홀아비 영감도 단숨에 그 샘물을 찾아가서 실컷 마셨어요. 아무리 기다려도 그 영감이 돌아오지 않자 마음씨 착한 두 내외는 걱정이 되어 산 속의 샘물을 찾아갔지요. 그런데 거기에는 웬 갓난아이가 큰 옷을 입은 채 누워 있는 게 아니예요? 아기가 없는 두 사람은 이 아기를 데려다가 기르기로 하고 아기를 안고 집으로 돌아왔답니다.

제 6 과 다방

※ 어휘 Vocabulary

가지다	to have	사다	to buy
그렇다	to be so	설탕	sugar
나머지	remainder	실례	impropriety
다방	tea room	안 되다	to be impossible
담다	to put in	어떻다	to be a certain way
들어가다	to go in	여섯	six
많다	to be a lot	잔	glass
모레	the day after tomorrow	저녁	evening
		쯤	about, around
미인	beautiful woman	커피	coffee
보온병	thermos bottle	크림	cream
블랙	black(coffee)	타다	to mix in

☎ 발음 Pronunciation

있을까요　　실례

모레　　있는데요[인는데요]

손님   : 아가씨. 커피를 여기서 마시지 않고, 이 보온병에 사가
        지고 갈 수도 있을까요?
아가씨 : 물론이지요.
손님   : 이 보온병에는 몇 잔 쯤 들어갈까요?
아가씨 : 여섯 잔은 들어가겠는데요.
손님   : 그럼, 설탕과 크림을 탄 커피 두 잔하고, 블랙 커피 두
        잔, 그리고 나머지 두 잔은 크림만 타서 담아 주세요.

* * * * * * * * *

남자 : 정말 미인이시군요. 시간이 있으시면 저와 차라도 한 잔
      같이 하실까요?
여자 : 아니오. 바빠요.
남자 : 그럼 내일 저녁은 어떠신가요?
여자 : 내일 저녁도 바빠요.
남자 : 아, 그렇습니까? 그러면 안 되겠군요. 실례 많았습니다.
여자 : 여보세요! 모레는 시간이 있는데요.
남자 : ?

1. -과/와 The particle -과/와 and occurs between nominals to connect them. It does not regularly connect verbals or adjectivals. The conjunctive particle occurs in two shapes: -와 after a word ending in a vowel and -과 after a word ending in a consonant. It is less colloquial than -하고.

① 나는 빨강색과 노랑색을 좋아한다.
저기 사자와 표범이 뛰어 간다.
사과와 배를 먹었습니다.
설탕과 크림을 넣었습니다.
② 아버지와 아들이 닮았다.
사람과 동물은 다르다.
동규와 지영이가 결혼한다.
여우와 늑대가 싸우고 있다.
③ 선생님과 함께 백화점에 갔습니다.
친구와 서로 돕기로 하였다.
④ 시간은 황금과 같다.
냉면은 라면과 비슷한가요?

2. -(이)라도 (this) if nothing else ; even ; The particle -(이)라도 is attached to nominals and indicates a lack of finality, forthrightness, or enthusiasm about one's choice. -이라도 is used after nominals ending in a consonant ; -라도 after nominals ending in a vowel. The particle -(이)라도, depending on the context, can also mean even.

빵이라도 하나 드시겠어요?
심심한데 영화구경이라도 갑시다.
헌 것이라도 많이 있었으면 좋겠어요.

▨ 연습문제　Exercises

1. 다음을 읽으세요.

　　있을까요　　　　　　　　있는

2. 본문을 읽고 다음 물음에 답하세요.

　(1) 손님이 잘못 생각하고 있는 것은 무엇입니까?
　(2) 커피에 타서 먹는 것은 무엇입니까?
　(3) 손님이 커피를 사 갈 수 있는 방법은 무엇일까요?
　(4) 내일의 다음날을 무엇이라고 부릅니까?
　(5) 여자의 본심은 무엇입니까?

3. 다방은 어떤 곳입니까? 다음 단어를 사용하여 설명해 보세요.

　　사람들, 서로, 만나다, 얘기하다 ; 차, 음료, 팔다 ; 음식, 팔지 않다

4. 관련있는 단어들끼리 연결하세요.

　(1) 커피　　　　　　(ㄱ) 권
　(2) 종이　　　　　　(ㄴ) 대
　(3) 책　　　　　　　(ㄷ) 잔
　(4) 자동차　　　　　(ㄹ) 장
　(5) 구두　　　　　　(ㅁ) 켤레
　(6) 볼펜　　　　　　(ㅂ) 벌
　(7) 옷　　　　　　　(ㅅ) 자루

5. 다음 빈칸에 알맞은 답을 채우세요.

　(1) (　　　)-(　　　)-어제-(　　　)-내일-모레-(　　　)-
　　　(　　　)
　(2) 재작년-(　　　)-올해-(　　　)-(　　　)
　(3) 정월-이월-삼월-사월-(　　　)-(　　　)-칠월-팔월-
　　　구월-(　　　)-동짓달-(　　　)

-35-

6. 다음 차림표를 보고 차를 시켜 보십시오.

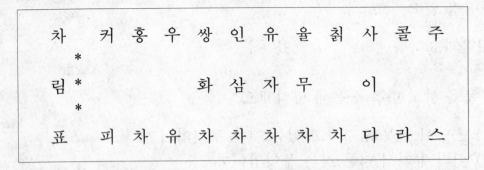

차	커	홍	우	쌍	인	유	율	취	사	콜	주
림	*				화	삼	자	무		이	
표	피	차	유	차	차	차	차	차	다	라	스

♫ 노래를 불러봅시다. Let's sing a song

설

윤극영 요·곡

'수' 다방

나는 다방에서 일한다. 내가 근무하는 '수' 다방은 광화문 근처에 있는데 꽤 손님이 많다. 아침부터 밤까지 쉴 틈은 커녕 잠깐 앉을 틈도 없이 분주하다. 우리 주인이 시골 농장에서 직접 재배한 전통차가 맛이 있어선지 분위기가 좋아서인지 다방은 항상 만원이다. 주로 사업하는 사람들이 많이 모이는데 분위기는 늘 밝고 조용하다. 이 근처에는 회사가 많으니까 사업상 손님을 만나거나 연락 장소로 쓰는 일이 많은 것 같다.

교통이 편리한 곳에 자리잡고 있어서 길을 가다가 들르기 쉬운 곳이다. 주인의 성격이 까다로워서 실내 장식이나 가구 또는 종업원 옷까지도 늘 신경을 쓴다. 언제나 깨끗하고 새로운 분위기가 우리 다방의 자랑이다. 벽에는 동양화가 걸려 있고, 훌륭한 도자기로 실내 장식을 해서 아주 한국적인 냄새가 풍기는 곳이다. 음악도 항상 고전 음악을 트니까 경쾌한 음악을 좋아하는 대학생들이 온다면 너무 점잖은 분위기에 싫증을 느낄지도 모르겠다. 여하튼 나는 떠들썩한 것을 싫어하니까 나한테는 잘 맞는 직장이다.

이 '수' 다방에서 일하려면 꼭 지킬 주의 사항이 셋 있는데 그것은 첫째 친절, 둘째 성실, 셋째 청결이다. 혹시 시간이 있으면 '수' 다방에 들러서 한국적인 분위기에 젖어 보라고 권하고 싶다.

근무하다 to serve
재배하다 to cultivate
분위기 atmosphere
까다롭다 be particular
실내장식 interior decoration
경쾌하다 to be light
떠들썩하다 to be noisy
성실 sincerity

농장 a farm
전통차 traditional tea
사업상 from the business of view point
신경을 쓰다 to give attention to
고전음악 classic music
여하튼 at any rate ; anyway
주의사항 a matter that require attention
청결 (cleanliness) purity

제 7 과   무료

❋ 어휘

가격	price	선전기간	advertising period
가방	bag	세일즈맨	salesman
감사	thanks	세트	set
고급	high class	소개하다	to introduce
구석구석	every corner	-수 없다	cannot
구입하다	to buy	안녕하다	(used almost exclusively
그냥	just, only		in greetings)
그동안	during that time	어리다	to be young
길어지다	to grow long	어린이	children
길이	length	얻다	to get
동안	during, while	여행용	for travel
두 배	double, twice	이상	the above ; more than
뜻	meaning	자동차용	for car
무료	free	줄	queue ; wire, string
벨트	belt	진공청소기	vacuum cleaner
사용하다	to use	청소하다	to clean
삼만원	₩30,000	훨씬	much(more)
선물	present	힘	strength

할아버지 : 이 줄은 무슨 줄이니?

어린이　　: 어린이들에게 선물을 그냥 준대요.

할아버지 : 그래?

- - - - - -

아가씨　　: 할아버지. 여기서는 어린이들에게만 선물을 주는데
　　　　　　요.

할아버지 : 나도 알아요. 나도 우리 어머니에게는 어린 아이이
　　　　　　거든요.

아가씨　　: 네! 알겠어요. 그러면, 가서 어머니를 모시고 오시겠
　　　　　　어요?

* * * * * * * * *

세일즈맨 : 안녕하십니까?
　　　　　　오늘은 새로 나온 자동차용 진공청소기를 소개해
　　　　　　드리겠습니다.
　　　　　　그동안 사용하시던 청소기보다 훨씬 힘이 좋고, 구
　　　　　　석구석 청소할 수 있으며, 줄의 길이도 두 배 이상
　　　　　　길어졌습니다.
　　　　　　선전기간동안 이 청소기를 구입하시는 분들께는,
　　　　　　감사의 뜻으로, 고급 여행용 가방과 지갑 벨트 세트
　　　　　　를 선물로 드리겠습니다.

손님　　　: 청소기 가격은 얼마입니까?

세일즈맨 : 네, 삼만원입니다.

손님　　　: 그 고급 여행용 가방과 지갑 벨트 세트는 가격이 얼
　　　　　　마지요?

세일즈맨 : 그것은 무료입니다.

손님　　　: 그래요? 그럼, 그 여행용 가방과 지갑 벨트 세트만
　　　　　　얻을 수는 없을까요?

☞ 문법 Grammar

1. -던 : the retrospective marker -더- plus the modifier marker -ㄴ ; When -던 is used without the past tense infix, it expresses the idea that the speaker is looking back on past events, facts, or experiences that occured regularly. But when -던 is attached to the past tense infix, it expresses the idea that the speaker is looking back on the past events, facts, or experiences that have occured just once.

창가에 있던 사람들이 일어서고 있어요.
그 것은 제가 먹던 밥이에요.
그건 제가 마시던 컵입니다.
그 것은 제가 마셨던 컵과 같습니다.
가장 걱정했던 대회가 가장 성공적이었다.
며칠 전에 갔던 곳에 우산을 두고 온 것 같다.

2. -아/어/여 지다 : The pattern -아/어/여 지다 is always used with descriptive verbs and expressed a transition from one condition to another. The most common English equivalent of this pattern is become so-and-so. The tense and negation are regularly expressed in the final verb -지다. -아 지다 is used after -이- and -오- ; -어 지다 after any other vowel ; -/여 지다 after 하-, the stem of the verb 하다 does.

기초문법부터 고급회화에 이르기까지 다 잘 쓰여진 책은 없어요.
어느 곳에서나 입금과 출금이 가능해졌습니다.
요새 시력이 꽤 나빠졌나 봐요.
석굴암은 약 1,200 년 전에 만들어졌대요.
한국의 이름은 올림픽으로 인하여 널리 알려졌다.

3. -(으)며 : and, or; while, as, during

비가 오며 말며 합니다.
커피를 마시며 이야기를 합시다. 음악을 들으며 잠을 잡니다.

◑ 보충자료 Supplement

가격과 값 : '가격' means the amount of money that must be paid in order to purchase a product. This is always used with things or work that are made for the purpose of seling. Therefore, it can not be used with unspecified general product, and it can only be used with specially standard or packaged work. It means the abstract value of the money possessed by a product, so it is not used often when active in giving or taking moeny. Those using the world, '가격', give the impression of economic activity or professionalism in buying and selling.

'값', which is similiar with '가격', means the amount of money given or taken when things are given or received or loaned or borrowed. This numerical value is decided by the value of the thing or work and generally has the meaning of '가치[value]'. Since it is not always used with things for sale, this is another point where '값' is different from '가격'.

판매 사원이 물건 가격을 올렸습니다.
판매 사원이 물건값을 올렸습니다.
땅값이 얼마입니까?
땅 가격이 얼마입니까?
제가 값을 치르지요.
제가 가격을 치르지요.

▨ 연습문제 Exercises

1. 다음을 읽으세요.

어린이용, 어른용, 여행용
좋고, 감사의

2. 본문을 읽고 다음 물음에 답하세요.

(1) 어린이들이 줄을 서 있는 까닭은 무엇입니까?
(2) 아가씨의 말에 잘못된 내용이 있다면 무엇입니까?
(3) 세일즈맨이 팔려고 가지고 온 물건은 무엇입니까?
(4) 여행용 가방과 지갑 벨트를 주는 까닭은 무엇입니까?
(5) 할아버지와 손님의 비슷한 점은 무엇입니까?

3. (   )속에서 알맞은 글자를 고르시오.

(1) 아영이(가, 를) 좋아요.
(2) 친구(에서, 한테서) 그 소식을 들었다.
(3) 도서관 앞(에, 에서) 기다리세요.
(4) 저(하고, 를) 만납시다.
(5) 고향(이, 을) 그리워해요.
(6) 그 분(의, 에) 말은 듣기 싫어요.
(7) 김밥(하고, 과) 냉면하고 먹고 싶어요.

4. 관련있는 것끼리 연결하세요.

(1) 주다   (ㄱ) 여쭙다
(2) 말하다   (ㄴ) 주무시다
(3) 만나다   (ㄷ) 드리다
(4) 같이 있다   (ㄹ) 계시다
(5) 자다   (ㅁ) 잡수시다
(6) 먹다   (ㅂ) 뵙다
(7) 있다   (ㅅ) 모시다

5. 다음을 바르게 고치세요.

(1) 동생이 편찮았습니다.
(2) 저부터 음식을 잡수시겠습니다.
(3) 저는 여기에 앉아 계셨습니다.
(4) 나에게 그 책을 사 드리세요.
(5) 저는 어제 두통이 있으셔서, 출근하시지 못하셨습니다.
(6) 할아버지께는 돈이 많이 계십니다.

부 채

　부채는 날씨가 더워지면 곳곳에서 볼 수 있었다. 몸에 지니고 다니기도 하고 들고 다니기도 하며, 여름철에 손님이 오시면 우선 부채를 먼저 내놓는 것이 예의였다. 선물로 '동지에는 달력, 단오에는 부채'라는 말이 있을 만큼 부채는 여름 선물로 가볍고 적절했었다.

　전주의 '합죽선'은 얇게 깎은 걸대를 맞붙여서 만든 접었다 폈다 할 수 있는 부채인데, 단오 전에 대량으로 만들어져 서울로 보낸다. 서울에서는 대궐로부터 신하의 집에 내려져 좋은 선물이 된다. '태극선'은 태극 모양을 그린 둥근 부채로 가정용으로 많이 쓰였다.

　부채는 부쳐서 바람을 일으키는 것 뿐만 아니라 그 용도가 다양하다. 그것을 들고 슬슬 부치는 시늉만 하기도 하고 이따금 웃을 때에 부채로 입을 가리기도 한다. 줄 탈 때 균형 잡기 위해서도 부채가 쓰이고, 판소리를 할 때 리듬을 잡기 위한 소품으로도 쓰인다. 부채는 또 글씨 또는 그림을 부채에 그려서 부치지는 않고 예술품으로 걸어 놓거나 보관하기도 한다.

　한국의 고전무용 가운데 하나인 부채춤은 어른 아이 모두 좋아하는 것이다. 우아한 한복을 입고 부채를 폈다 접었다 하며 추는 부채춤은 부채로 꽃모양을 만들고 한 사람이 가운데서 빙빙 돌아가면 절정을 이룬다.

동지 DongGi, the shortest day of the year	절정 a climax
걸대 the hard outer part of bamboo used to make a korean handmade fan	단오 Dano, fifth day of the fifth lunar month
신하 members of royal court	적절하다 to proper
용도 a use	맞붙이다 to stick together
슬슬 slowly	태극 ying and yang, the Great absolute
이따금 occasionally	다양하다 to be diverse
판소리 Pansori, Korean traditional opera	시늉을 하다 to pretend
	균형 balance
우아하다 to be elegant	소품 stage properties
	빙빙 in a cyclic motion

제 8 과   양심

🏵 어휘   Vocabulary

결혼	marriage	반지	ring
교회	church	백화점	department store
그러하다	to be so	부인	wife;married woman;Ma'am
그런데	but	양심	conscience
기념	memorial	예쁘다	to be pretty, cute
(-)가는길에	on the way	웬일	what reason
날	day	이렇다	to be like this
들다	to like,be satisfied	이야기하다	to tell a story, talk
마음	mind	잘못	mistake
말하다	to speak	잘못하다	to make a mistake
바라다	to hope	헌금하다	to give (to a church)

☎ 발음   Pronunciation

결혼[겨론]	백화점[배콰점]
크게	처음이잖아요[처으미자나요]

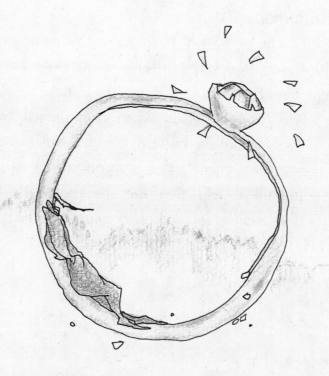

아내 : 아니, 여보 웬일이죠? 이렇게 예쁜 반지를 사 주시다니.

남편 : 마음에 들어요?

아내 : 들고 말고요. 예쁘고 말고 결혼 기념 반지 말고는 처음 받는 반지인걸요. 그런데 오늘이 무슨 날인가요?

남편 : 날은 무슨 날. 백화점에 간 길에 마음에 들어서 샀어요.

아내 : 여보! 좋게 이야기할 때 말하세요. 나한테 잘못한 게 뭐지요?

남편 : 아이고.

* * * * * * * * *

부인 : 어서 말해봐요. 당신 잘못한 일이 뭐예요?

남편 : 잘못은 무슨 잘못. 그런 일 없어요.

부인 : 그럼, 크게 바라는 일이 있나 보지요?

남편 : 아니, 그런 일도 없어요. 왜 그런 생각을 하게 되었지요?

부인 : 당신이 교회에서 10,000원 짜리를 헌금한 일은 오늘이 처음이잖아요?

남편 : 내가 그랬나?

☞ 문법 Grammar

1. -ㄴ(은) 걸요 : The -ㄴ(은) 걸요 shape of this ending occurs in two cases: with description verbs in the present tense and with -이- in the present tense. In all other cases the ending is -는 걸요. This ending -ㄴ(은) 걸요/-는 걸요 when pronounced with the final contour of the intonation pattern going down expresses delight, surprise or astonishment. When pronounced with the final contour going up it tells that the speaker wants to know the opinion or the feelings of the other party. When you drop the final particle -요, you get the intimate style form.

   이렇게 놀면서 배운 걸요.
   어제 다 먹어 치운 걸요.
   선생님과 미리 이 일에 대하여 의논한 걸요.
   지금 교실에 아무도 없는 걸.

2. -아/어/여 보다 : This is another main verb + auxiliary verb pattern. As an independent verb 보다 means looks, sees, or reads. As an auxiliary verb it means tries doing, doing and then seeing what it is like, exploring something by doing, but not tries to do.
   This pattern is often used with the main verbs 가다 goes and 오다 comes.

   방이 깨끗해 보이는군요.
   떡이 맛있어 보이는데요.
   이 옷이 더 좋아 보여요.
   조금 짜니까, 물을 더 넣어 간을 맞춰 보십시오.
   함께 일을 해 보자는 제안을 받았어요.

◉ 보충자료 Supplement

마음 : ① The psychological position or attitude taken by a person concerning other people and things.
   형이 동생보다 마음이 좋다.
   착한 마음을 가져야 한다.

② The psychological state of a person arising from exterior stimulus or circumstance.

운동을 하고 나니, 상쾌한 마음으로 일을 할 수 있다.

시험을 보고 나니, 마음이 불안하다.

③ The psychological space or place inside people where they do their thinking and remembering.

그 일은 내 마음에 들지 않습니다.

마음에 가지고 있는 생각을 모두 이야기 하시오.

④ The psychological process expressing what someone wants.

우리 모두 마음을 합하여 일을 합시다.

오늘은 도서관에 갈 마음이 없다.

⑤ The base for one's psychology or mentality for judging "good and bad" and "right and wrong".

자기의 마음에 비추어 옳은 일이면 해도 좋다.

⑥ The passion that people put into work.

어머니는 마음을 다하여 우리를 사랑하십니다.

⑦ The psychological process expressing who and what someone likes.

제가 마음을 준 여자는 따로 있습니다.

⑧ The power to think about something.

시험 공부를 할 때에는 마음을 한 군데로 쏟아야 한다.

▨ 연습문제 Exercises

1. 다음을 읽으세요.

(1) 받는, 그랬나
(2) 잘못한, 잘못은

2. 본문을 읽고 다음 물음에 답하세요.

(1) 남편이 선물한 물건은 무엇입니까?
(2) 남편이 선물한 이유는 무엇입니까?
(3) 남편이 선물한 이유에 대해서 아내는 어떻게 생각하고 있습니까?
(4) 교회에 가는 날은 무슨 요일입니까?
(5) 각각 남편이 의심을 받는 이유는 무엇입니까?

3. 어색한 부분이 있으면 고치세요.

   (1) 아가씨는 일요일이 되기를만 바라고 있습니다.
   (2) 이제는부터 큰 일입니다.
   (3) 저는 별로 영화를 보고 싶습니다.
   (4) 이 음악을 듣기 후에 라디오를 꺼 주세요.
   (5) 이 건물은 내년까지 지어야 완성될 거예요.
   (6) 작은 소리를 들리지 않았습니다.

4. 괄호안에 적합한 단어를 보기에서 고르세요.

   [보기] 내, 제, 저, 우리, 저희, 너, 당신, 그분

   (1) (   ) 51번 좌석버스를 이용해 주셔서 감사합니다.
   (2) (   )가 아끼는 친구가 아영 씨입니다.
   (3) 다시 한번 (   )에게 기회를 주십시오.
   (4) (   )은 어디로 가셨어요?
   (5) (   ) 모두 영화보러 가요.

5. 다음의 빈칸에 "이, 그, 저" 중의 하나를 골라 채우세요.

   (1) A : 당신 앞에 있는 음식을 다 먹을 수 있겠어요?
       B : (   )것 정도는 문제없습니다.
   (2) A : 저기 있는 (   ) 사람은 누구죠?
       B : 글쎄요?
   (3) A : 혹시 제 책이 어디 있는지 아세요?
       B : 아니오. 오늘 (   ) 책은 보지도 못 했어요.

6. 다음 표현의 의미를 생각해 보시오.

   (1) 마음에 들다   (7) 마음에 차다   (13) 마음에 없다
   (2) 마음에 두다   (8) 마음을 먹다   (14) 마음이 넓다
   (3) 마음을 쓰다   (9) 마음이 내키다   (15) 마음이 변하다
   (4) 마음을 졸이다 (10) 마음이 굴뚝같다 (16) 마음을 잡다
   (5) 마음이 좋다   (11) 마음이 약하다   (17) 마음을 놓다
   (6) 마음이 상하다 (12) 마음을 합하다   (18) 마음에 걸리다

사 제 지 간

마이클에게

마이클, 그 동안 잘 지냈니? 네가 한국에 간 지 벌써 두 달이 되었구나.

친구들은 많이 사귀었는지, 학교 생활은 어떤지, 하숙집 아주머니는 잘 해 주시는지 모두 궁금하다.

한국은 특히 예절이 중요한 나라인데 엄마는 네가 실수할까봐 걱정이 되는구나. 며칠 전 한국에 관한 책을 읽었는데 너에게 도움이 될 것 같아서 적어 보낸다.

한국에는 '군사부 일체'라는 말이 있다. 이 말은 임금님(군)과 선생님(사)과 부모님(부)이 하나라는 뜻이야. 쉽게 말하면 그 세 분 모두를 똑같이 존경하고 따라야 한다는 거지.

옛날에는 학생이 선생님을 아침, 저녁으로 찾아 뵙고 인사드려야 했단다. 규칙도 엄격했다. 스승을 쳐다볼 때 목 윗부분을 봐도 안 되고 허리띠 아래를 내려봐도 안 되며, 지나가는 길에 선생님의 물건이 있으면 다른 곳으로 옮겨 놓은 후에 지나가야 했다. 선생님 앞에서는 개에게도 큰 소리로 화를 내면 안 되고, 선생님이 아프실 때는 좋은 일이 있어도 웃으면 안 되었단다.

앞으로 1년 동안 한국말과 한국 풍습을 열심히 배워서 예절 바른 사람이 되어 돌아왔으면 좋겠구나.

그럼, 다시 만날 날을 기다리면서 이만 줄인다. 건강 조심해라.

5월 1일 미국에서 엄마가

추신 : 참, 5월 15일은 스승의 날이야.

　　　　선생님께 "열심히 가르쳐 주셔서 고맙습니다."하고 말씀드려라.

　　　　기뻐하실 거다.

제 9 과   우체국

❀ 어휘   Vocabulary

값	price	속달	express delivery
값비싸다	to be expensive	쓰이다	to be written
개조심	Beware of dog	어치	-worth of (something)
기다리다	to wait	오직	only
댁	Someone's house(honorific)	우체국	post office
		우편	mail
도장	stamp	우표	stamp
등기	register	이사	moving(from one house to another)
때문이다	because		
맡기다	to entrust	재다	to measure
무게	weight	주인	master,owner
배	belly	지나다	to pass
배꼽	belly button	직원	employee
배달	delivery	집배원	postman
번	number	창구	(service) window
보내다	to send	찾아오다	to visit
부산	Pusan(city)	출입금지	no entrance
부치다	to send	팻말	words on a sign
붙이다	to attach	편지	letter
상당하다	to be considerable		

☎ 발음   Pronunciation

부치려고	붙여서[부쳐서]
우편요금	팻말[팬말]
그렇습니까[그러씀니까]	많잖아요[만차나요]

손님 : 이 선물을 빠른 등기로 부치려고 하는데요.

직원 : 어디로 보내는 거지요?

손님 : 부산입니다.

직원 : 어디 무게를 달아 봅시다. 4,580원어치 우표를 붙여서 3
번 창구에 맡기세요.

손님 : 네? 무슨 우편 요금이 그렇게 비싸요? 선물값보다 우편
요금이 더 비싸다니 …… 배보다 배꼽이 더 크게요?

직원 : 그렇습니까? 그러면 다음부터는 더 값비싼 선물을 사시
면 되지요.

손님 : ?

* * * * * * * * *

개조심
무서운 개 있음
출입금지

집배원 : 여보세요!

주 인 : 네. 어서 오세요.

집배원 : 도장 주세요.

주 인 : 무슨 일이시죠?

집배원 : 등기 우편입니다.

주 인 : 아니, 이것들은 뭐지요? 상당히 지난 편지들도 많잖
아요?

집배원 : 네. 이사 오신 뒤로 처음 댁에 배달을 온 것이니까요.

주 인 : 왜죠? 찾아오는 사람들도 없고, 오직 기다리는 건 편
지뿐인데.

집배원 : 댁까지 오는 길에 쓰인 팻말 때문이죠.

☞ 문법 Grammar.

1. -ㅁ/음 : Some verbal nouns are made by attaching the nominalizing suffix -ㅁ/음 to the verb stem. Verbal nouns made with the suffix -ㅁ/음 usually indicate the activity or the state of being as an abstract matter.

　-ㅁ is used after verb stems ending in a vowel and the word 살다 (to live), 알다 (to know). -음 is used after verb stems ending in a consonant except the word 살다. Some verbal nouns made with the suffix -ㅁ/음 are used as complementary objects of some other form of the root verbs. There are many other ways of verbal noun formation, but most of them are irregular. It is better to memorize them as single vocabulary items.

　　물이 얼음으로 되었습니다.
　　그 그림이 어찌나 마음에 들던지, 또 보고 싶었습니다.
　　케이크가 먹음직합니다.
　　사랑은 믿음입니다.

2. -ㄴ/는데 : The ending -ㄴ/는데, attached to the verb of a nonfinal sentence, serves as an introduction to the sentence which follows. It is used with any verb. The English equivalent of this pattern is. "…, but…" or "… and…" or "…so…" or "…so why…", etc. This pattern is used to connect two sentences. It is, therefore, a conjunctive ending.

　　이런 것은 비쌀 텐데요.
　　사람들이 곧 올 텐데요.
　　며칠 전에 방을 예약했는데요.
　　저 옷이 퍽 마음에 드는데요.
　　한아영 씨가 재민 씨더러 연구실로 와 달라고 하던데요.
　　어디 갈 건데?
　　그가 올 건데.
　　지금쯤 그의 연락이 있을 법한데요.
　　이제 겨우 십분 지났는데 벌써 힘들어?

3. -(으)니까 : The causal conjunctive ending -(으)니까 may be used with any verb and expresses reason or cause. It corresponds to English bacause, since, therefore", or so In this pattern, -(으)니까 usually ends with a comma intonation (a rise on the last syllable of the phrase), and, if necessary the tense infixes (-았-, -겠-) can be used in this dependent clause. The past tense infix (-았-) is used in this pattern when the causal event has been concluded before the resulting event.

The pattern -(으)니까 is sometimes attached directly to the verb stem of action verbs. The English equivalent of this pattern is when. While the causal conjunctive ending -(으)니까 meaning because may be used with any verb, the pattern -(으)니까 meaning when is used only with action verbs. Moreover, it is used mostly in past tense constructions. The tense is regularly expressed in the main clause, not in the clause with -(으)니까. -니까 is used after verb stems ending in a vowe l; -으니까 after verb stems ending in a consonant.

피곤하니까, 조금 쉬려고 합니다.
수업이 일찍 끝났으니까, 영화나 한 편 보려고 합니다.
조금 싱거우니까, 간장을 더 넣어 간을 맞춰 보십시오.
연극을 며칠 전에 봤어요. 그러니까, 오늘은 다른 것을 봅시다.

▨ 연습문제 Exercises

1. 다음을 읽으세요.

(1) 부치다, 붙이다   (2) 맡기세요
(3) 팻말   (4) 값비싼, 많잖아요

2. 본문을 읽고 다음 물음에 답하세요.

(1) 우편요금이 비싸다고 생각하는 까닭은 무엇입니까?
(2) 어떻게 부치려고 합니까?

(3) 집배원이 우편물을 제대로 배달하지 않은 까닭은 무엇입니까?

(4) 오늘 집배원이 배달을 간 까닭은 무엇입니까?

(5) 등기우편물을 받을 때 필요한 것은 무엇입니까?

3. 괄호 안에 알맞은 단어를 고르세요.

(1) 속달로 (붙이고, 부치고) 싶어요.

(2) 350원(어치, 짜리) 우표를 주세요.

(3) 전보를 (부치고, 치고) 싶어요.

(4) 전보는 한 자(씩, 에) 얼마입니까?

(5) 언제(쯤, 경)에 편지가 도착할까요?

4. 주어진 단어를 알맞은 형태로 고쳐서 괄호 안을 채우세요.

(1) 많다 : (   ) 사면, 좀 깎아 드리겠습니다.

(2) 예쁘다 : 사진을 찍을 때, (   ) 웃어 주세요.

(3) 빠르다 : (   ) 와야, 음식이 좀 남아 있을 거예요.

(4) 조용하다 : 교실에서는 (   ) 하세요.

(5) 크다 : 한번 (   ) 소리질러 보세요.

5. 올바른 대화가 되도록 순서를 바로 잡으세요.

(1) 감사합니다. 수고하십시오.

(2) 속달로 편지를 부치려고 하는데요.

(3) 500원짜리를 붙이세요. 그리고, 3번 창구 옆 우편함에 넣으세요.

(4) 2번 창구에서 우표를 사세요.

(5) 얼마짜리를 살까요?

6. 거리에 있는 다음의 안내문에 대하여 설명해 보세요.

(1) 금연   (2) 접근 금지   (3) 손대지 마시오

(4) 출입 금지   (5) 수리중   (6) 소지품 조심   (7) 칠조심

편 지

이 선생님께

어느새 앞마당 은행나무 잎은 노랗게 물들고 멀리 보이는 앞산도 울긋불긋 단풍이 들었어요. 아침 저녁으로 제법 쌀쌀해진 날씨에 요즘 선생님은 어떻게 지내시는지요? 지난 번에 뵈었을 때 건강이 좀 안 좋다고 하셨는데 괜찮으신지 궁금합니다. 거기 박물관은 수학 여행철이라 견학 온 학생들로 한참 붐비겠군요.

바쁘신 중에도 손수 찾아서 보내 주신 자료는 잘 받았습니다. 매번 이렇게 신경을 써 주셔서 뭐라고 감사의 말씀을 드려야 할 지 모르겠습니다. 슬라이드와 사진들을 보며 백제 시대 유물의 섬세한 아름다움에 새삼 경탄하고 있습니다. 저는 요즘 추계 학술 발표회 준비로 좀 분주합니다. 선생님께서 보내 주신 관련 서적들이 많은 도움이 됩니다.

저희집 민우 녀석은 무령왕릉 앞에서 왕복을 빌려 입고 찍은 사진을 책상 앞에 붙여 놓더니, 그 사진을 볼 때마다 전생에 자기가 왕이었던 것 같은 생각이 든다나요. 어깨 너머로 배우면서 우리 나라 역사에 관심을 가지기 시작하더니 공주에 한 번 다녀온 뒤로 관심이 부쩍 늘었어요. 여드름 나고 짓궂은 건 여전하지만요.

선생님, 서울에 올라오시면 저희 집으로 모시겠습니다. 저는 지난 9월에 일산으로 이사했습니다. 여기 일산은 서울과는 분위기가 다릅니다. 선생님을 모시고 따뜻한 말씀을 듣고 싶습니다.

선생님, 드릴 말씀은 많지만 오늘은 이만 줄이겠습니다.

건강하시길 빌겠습니다.

1996년 10월 11일

김성훈 드림

제 10 과　　선물

✿ 어휘　Vocabulary

그렇다면	it so	어버이날	Parents' Day
대신	ralef,		(see note.)
	Substitution	요리	cooking
덥히다	to heat up	전	before
두다	to have, place	전자동	fully automatic
마련하다	to prepare	전자레인지	microwave oven
멀다	to be far	준비하다	to prepare
뭘	what (obj.)	제대로	correctly
빌리다	to borrow ; lend	중(이다)	to be ~ing
섭섭하다	to sad, sorry	지나치다	to be extreme
세탁기	washing machine	차례지내다	to have a ceremony
송편	pine rice cake	추석날	(Korea holiday)
	(See note.)	추석빔	Ch'usok clothes
시키다	to have someone	컵라면	Cup Ramyon
	do something	특별히	especially
쉬다	to rest	푹	(to rest) soundly

☎ 발음　Pronunciation

푹　　　　　　　　　　　　덥히고[더피고]

추석날[추성날]　　　　　차례

-56-

문영　：오늘은 어버이날이니까 푹 쉬세요. 선물 대신에 제가
　　　　음식을 만들게요.
어머니：너는 요리를 해 본 적이 없잖니? 컵라면이나 제대로
　　　　할까?
문영　：전에 어머니가 하시는 것을 잘 보아 두었거든요.
어머니：좋아. 그렇다면 어디 시키는 대로 쉬어 볼까?

어머니：아직 멀었니? 지금 만들고 있는 음식 이름이 뭐야?
문영　：아직은 아무 것도 안 했어요. 전자레인지를 미리 덥히
　　　　고 있는 중이에요.

* * * * * * * * *

남편：여보, 내일 모레가 추석날인데 아이들 추석빔은 마련했
　　　어요?
부인：특별히 새 옷을 사지는 않았어요. 차례지내고 송편이나
　　　먹으면 되죠, 뭘.
남편：그대신 선물이라도 준비해야 하지 않을까? 섭섭할텐데.
부인：아, 좋은 생각이 났어요.
남편：그게 뭐요?
부인：새로나온 전자동 세탁기예요.
남편：뭐라구요? 그게 무슨 아이들 선물이요? 당신 거지.
부인：아이들에게 선물을 한 걸로 하고 제가 빌려 쓰는 걸로
　　　하면 되죠.
　　　그게 얼마나 비싼 건데…….
남편：비싸도 그렇지, 그게 아이들 선물이란 말요?
부인：내가 조금 지나쳤나?

1. -ㄹ(을)게요 will do ; The sentence-final ending -ㄹ(을)게요 is used with action verbs as well as with the verb 있다 and indicates the speaker's intention or plan. It is pronounced -ㄹ(을)께요.

   This pattern is used only with the first person in statement. It is never used with the second person in questions. -ㄹ게요 is used after verb stems ending in a vowel ; -을게요 is used after verb stems ending in a consonant.

   제가 빵값을 낼게요.
   제가 빵을 살게요.
   좀 쉬고 나서 숙제를 할게요.

2. -어/아/여야 The pattern -어/아/여야 indicates the act or process of providing something or condition. In other words, it is used for the expression if something takes place (now or in the future), provided something takes place or is true. This pattern can be used with any verb except the verb of identification -(이)다 This pattern -어/아/여야 is usually followed by the patterns indicating future, possibility, or the speaker's intention. The tense is expressed in the final (main) clause, not in the first (dependent) clause with -어/아/여야. This provisional -어/아/여야 is interchangeable with the conditional -(으)면 without much difference in meaning. But -야 is never used with the imperative and propositive. It is used only with the interrogative and declarative, whereas the conditional -으면 does not have these limitations. -아야 is used after -아- or -오- ; -어야 is used after any other vowel ; -여야 is used after 하다 verb, and is contracted to 해야.

   라디오가 고장이라서 고쳐야 합니다.
   너무 아파서, 아무래도 약을 먹어야겠어요.
   약속에 늦지 않으려면 아무래도 택시를 타야 할 겁니다.
   식후 30 분마다 드셔야 합니다.

감기가 좀 낫기는 했지만 상태를 더 두고 보아야 해요.

얼마를 거슬러 드려야 됩니까?

그렇게 해야 안심을 할 수 있어요.

제시간에 도착하려면 서둘러야 해요.

한국어는 영어와 어순도 틀린 데다가, 한자까지 알아야 하니 어려워요.

지하철역은 여기서 10 여분 정도 걸어가야 있어요.

얼른 텔레비전을 고쳐야겠어요.

지금 병원에 가 봐야겠어요.

먹은 만큼 돈을 내야 합니다.

3. -잖니 : While the interrogative ending -(으)냐/-느냐, is frequently used in indirect discourse, -니 is used more frequently in direct conversation, plain style. -요, being the ending of the polite informal speech style, can't be used after -니.

당신때문에 늦었잖아요.

이것은 너무 나쁘잖아요?

어, 또 졌잖아!

여기가 좋잖니?

4. -대신에 : instead of… ; on behalf of… ; in the place of…
   Nominal + 대신에 indicates vicariousness or substitution.

어머니 대신에 내가 밥을 지었다.

철수 대신 영희가 나가기로 했습니다.

5. - 대로 : ① like ; according to
   본대로 이야기 합시다.
   될 수 있는 대로 간단히 써 주세요.
   금의 시중가격대로 수수료를 내면 됩니다.
   당신 마음대로 하세요.
   ② as soon as ; directly
   수업이 끝나는 대로 집으로 연락하겠습니다.
   제가 그곳에 도착하는 대로 연락을 드리겠습니다.

③ every time ; each occasion

보는 대로 손을 댔다.

바람이 부는 대로 덜덜거립니다.

6. Causative Verb 덥히다

(1) Korean contains a class of verbs called causative verbs that are used to indicate that the action of the verb is being caused by the direct intervention of the subject of the clause or sentence. Certain verbs in this group are the transitive equivalents of intransitive verbs (verbs that do not take an object). The following chart illustrates the formation of passive verbs.

Suffix	Examples
-이-	죽이다, 먹이다, 속이다, 높이다, 보이다, 줄이다, 붙이다
-히-	덥히다, 익히다, 앉히다, 좁히다, 넓히다, 밝히다, 읽히다
-리-	날리다, 돌리다, 올리다, 살리다, 얼리다, 놀리다, 알리다
-기-	웃기다, 남기다, 숨기다, 감기다, 벗기다, 맡기다
-우-	지우다, 깨우다, 채우다, 비우다, 세우다, 새우다
-구-	떨구다, 돋구다, 일구다
-추-	낮추다, 늦추다, 맞추다

(2) The use of the causative form is best illustrated by the difference between "죽다" (to die) and "죽이다" (to kill [to cause to die]) as used in the following sentences: "고양이가 죽었어요" (The cat died) and "고양이를 죽였어요" (Someone killed the cat). The verb in the second sentence is in the causative form, thus indicating that someone caused the action of the cat's death.

(3) The causative can also be formed in two other ways: one way is the form "-게 하다" and the other is the use of "시키다" after a

noun. "-게 하다" means "make + verb"; for example, "슬프게 하다" (to make sad, to sadden) or 따뜻하게 하다" (to heat up [to make warm]). This form is commonly used with adjectives. "시키다" means "strong causation" or "forced causation" as in the following examples: "어학 연습을 많이 시켜야 되요." (We need to have [make] our students learn languages more) or "우리 고향에 오시면, 구경을 시켜 드릴께요." (I'll show you around if you come to my hometown).

(4) Certain verbs with a causative form can also be used with the "-게 하다" form. In such cases, the nuance varies somewhat. The causative form contains a clearer reference to the subject of the sentence as the cause of the action, whereas the "-게 하다" form allows for a broader interpretation of the subjects role in causing the action. Notice the following examples:

Causative Verbs: "학생에게 이 책을 읽혔어요." (I made students read this book)

"-게 하다" Form: "학생에게 이 책을 읽게 했어요" (I had my students read this book)

The second sentence could mean that the teacher required that his or her students read the book or that the teacher suggested that his or her students read the book.

▣ 연습문제 Exercises

1. 다음을 읽으세요.

  (1) 컵라면
  (2) 추석날
  (3) 말요

2. 본문을 읽고 다음 물음에 답하세요.

  (1) 어버이날은 언제입니까?
  (2) 문영이가 잘못하고 있는 것은 무엇입니까?

(3) 추석날은 언제입니까? 그러면 오늘은 음력으로 몇 월 며 칠입
   니까?
(4) 추석날 먹는 특별한 음식은 무엇입니까?
(5) 추석빔이란 무엇입니까?

3. 다음 문장에는 준말이 있습니다. 이 것을 본디말로 고쳐 다시 쓰세요.

(1) 제 얘길 들어 봐요.
(2) 방금 여기 왔다 갔잖아요?
(3) 이런 게 난 좋아요.
(4) 뭘 원하는질 말해 줘요.
(5) 일이 잘 돼서 좋잖아요?

4. 다음은 무엇을 기념하는 날입니까?

(1) 석가탄신일   (2) 한글날   (3) 개천절   (4) 성탄절

5. 보기에서 알맞은 것을 골라서 괄호를 채우세요.

   [보기] 데, 줄, 것, 수, 뿐, 적, 때문

(1) 설악산에 간 (   )이 있어요?
(2) 정구를 칠 (   ) 아세요?
(3) 다친 (   )가 많이 아픕니다.
(4) 언제 여행할 (   ) 있어요?
(5) 다른 (   ) 을 보여 주세요.
(6) 바람이 조금 불 (   )입니다.

6. 관련있는 것끼리 연결하세요.

(1) 추석   (ㄱ) 팔다
(2) 요금   (ㄴ) 자다
(3) 정신   (ㄷ) 내다
(4) 잠   (ㄹ) 쇠다

둘 다 옳다

황희 정승은 조선 시대 세종대왕 때 18년 동안이나 영의정을 지낸 분으로 나라를 위하여 많은 일을 하셨다. 나라 일을 볼 때에는 언제나 올바르고 사람을 대할 때는 아주 너그러우셨다. 말 못하는 동물까지도 귀하게 여기시고 모든 일을 지혜롭게 처리하셨으므로 존경을 많이 받으셨다.

다음 이야기를 읽고 황희 정승이 왜 이렇게 처리했는지 생각해 보자.

세종대왕 때 영의정으로 있던 황희 정승이 하루는 방에서 책을 읽고 있었는데 갑자기 마당이 소란스러워졌다. 가만히 듣자니 두 일꾼이 서로 자기 의견이 옳다고 우기고 있는 것이었다.

황희 정승이 밖으로 나서자 두 일꾼이 머리를 조아리며 말했다.

"저희 둘 중에 누가 옳은지 가려 주십시오."

"그래, 말해 보아라."

황희 정승은 느긋하게 두 일꾼을 바라보았다. 먼저 나이든 일꾼이 자기 의견을 말했다. 황희 정승은 고개를 끄덕였다.

"그래, 네 말이 옳구나."

이번엔 나이 어린 일꾼이 자기 의견을 말했다. 그러자 황희 정승은 또 똑같이 대답했다.

"그래, 네 말도 옳구나."

옆에서 이를 지켜보던 황희 정승의 부인이 보다못해 끼어들며 이렇게 말했다.

"아랫 사람의 잘 잘못을 가려 주셔야지 둘 다 옳다니 그게 무슨 말씀이십니까?"

황희 정승은 수염을 만지며 슬그머니 미소지었다.

"듣고 보니 부인의 말도 옳구려."

제 11 과   아버지 마음

❀ 어휘 Vocabulary

고모	one's father's sister	씨	Mr./Miss
그렇지만	but	앉다	to sit
극장	theater	여덟시	8 o'clock
나이	age	요즈음	these days
남녀	male · female	일곱살	7 years old
도대체	on earth	자동석	automatically sit together
들다(나이)	to get older	자리	place
말하자면	for example	중매	matchmaking
부동석	not sit together	참다	to restrain one's emotions
뿐	only	충분하다	to be plenty
살	years-old	친구	friend
서른	30	칠세(7살)	seven years old
선	a meeting with a view to marriage		

☎ 발음 Pronunciation

흙〔흑〕

남녀(a palatal sound n)

충분한

여자(initially 녀→여)

-64-

아버지 : 아니, 왜 이렇게 늦게 다니는 거냐? 지금이 도대체 몇
시야?

선 희 : 상민 씨와 데이트 했어요. 저녁 여덟시면 늦은 시간은
아니잖아요?

아버지 : 나는 네가 남자 친구들과 데이트도 하고 극장이나 칵
테일라운지 같은 데에 가도 된다고 생각한다. 그렇지
만 나이가 충분히 들때까지는 참아 주길 바랄 뿐이다.

선 희 : 충분한 나이요?

아버지 : 말하자면 한 서른 살이 될 때까지.
우리가 어렸을 때에는 남녀칠세 부동석이라고 해서
일곱살만 되면 남자와 여자가 한 자리에 앉지도 못했
었단다.

선 희 : 그건 아버지 때의 이야기지요.
요즈음은 남녀칠세 자동석인 것도 모르세요?

* * * * * * * * *

아버지 : 너 이번 토요일에 시간 있니?

선 희 : 토요일 언제요? 무슨 일이 있으세요?

아버지 : 네 고모가 저녁에 너 좀 보자고 하더구나.

선 희 : 고모가 또 중매 서신다는 거예요?

아버지 : 그래.

선 희 : 전 선보러 나가 차 마시고 이야기 나누는 것이 부담스
러워요.

아버지 : 참 좋은 총각이라더구나. 학벌 좋고, 잘 생기고, 직장
좋고, 집안 좋고.

선 희 : 뭐 언제는 안 좋다고 하셨나요?

아버지 : 넌 상민이 때문에 다른 사람은 눈에 들어 오지도 않는
모양이로구나.
그렇지만 상민이는 안 된다.

선 희 : 아버지께서 된다고 하실 때까지 기다리겠어요.

아버지 : 내 눈에 흙 들어가기 전에는 안 된다.

☞ 문법   Grammar

1. -까지
   ① (all the way up) to
      어디까지 가십니까? 어디까지 가느냐구요?
      서울대학교까지 몇 시간 걸립니까?
      서울역까지 같이 갑시다.
   ② until, surely not after
      죽을 때까지 당신을 사랑합니다.
      다시 만날 때까지 안녕히 계십시오.
      어제 두 시부터 세 시까지 어디 계셨지요?
      도서관은 몇 시까지 문을 엽니까?
      공연을 보려면 다음 주 수요일까지 기다려야 합니다.
   ③ too, also, indeed, even
      아침식사하였습니까? 그럼요. 커피까지 마셨습니다.
      영어 잘 하세요? 한국말까지 할 수 있습니다.
      그 분까지 저를 도와 주신다니 너무 고맙습니다.
      아영이는 지하철에서까지 책을 봅니다.
      물건이 좋지 않은 데다가 값까지 비싸군요.

2. -기 전에 : before doing so-and-so, before so-and-so happens or happened
      출발하기 전에 전화하세요.
      한국에 오기 전에 석 달 동안 한국어를 배웠습니다.
      추워지기 전에 김장을 합니다.

3. -께서 : This is the honorific form of the subject particle -가/-이. It is used to indicate reverence and respect on the part of the speaker for the person spoken to or about. The particle -께서 is used whenever one addresses or refers to persons of superior social standing -in speaking to older persons, teachers, parents, priests, high officials, and so forth. It is never used for oneself. It is attached directly to (personal) noun or pronouns (with or without -님).

   선생님께서 윌슨 씨에게 책을 읽혔습니다.

사모님께서 과일뿐 아니라 차까지 주셨습니다.

▨ 연습문제

1. 다음을 읽으세요.

(1) 여덟시
(2) 좋은, 좋다

2. 본문을 읽고 다음 물음에 답하세요.

(1) 선희의 애인 이름은 무엇입니까?
(2) '남녀칠세부동석'은 무슨 뜻입니까?
(3) 누가 중매를 서려고 합니까?
(4) 좋은 총각의 조건은 무엇입니까?
(5) '내눈에 흙 들어가기 전'이란 무슨 말입니까?

3. 보기와 같이 화법을 고치시오.

[보기] 김재민 : 지금 학교에 갑니다.
　→ 김재민 씨가 지금 학교에 간다고 말했어요.

(1) 윌　슨 : 영화를 보러 가겠습니다.
(2) 한아영 : 실례합니다.
(3) 신정모 : 과사무실에서 기다리고 있겠습니다.

[보기] 윌 슨 : 선생님께서 댁에 계세요?
　→ 윌슨 씨가 선생님께서 댁에 계시냐고 물었습니다.

(4) 약　사 : 어디가 아프세요?
(5) 윌　슨 : 언제 시험을 봐요?
(6) 이태영 : 한국어반 교실이 어디에 있어요?

[보기] 의사 선생님 : 며칠 푹 쉬세요.
　→ 의사 선생님이 며칠 푹 쉬라고 말했습니다.

(7) 친　구 : 김선생님께 가 보세요.
(8) 간호사 : 진찰실로 들어 오세요.

(9) 은행원 : 잠시 기다려 주세요.

[보기] 김재민 : 점심 먹으러 갑시다.
→ 김재민 씨가 점심 먹으러 가자고 말했습니다.

(10) 선생님 : 10분간 쉽시다.
(11) 한아영 : 방학때 설악산에 갑시다.
(12) 이태영 : 심심한데 탁구 치러 갑시다.

♬노래를 불러봅시다. Let's sing a song

꽃밭에서

어효선 요
권길상 곡

1. 아 빠하고 나 하고 만 든 꽃 밭 에 —
2. 애 들하고 재 밌게 뛰 어 놀 다 가 —

채 송 화 도 봉 숭 아 도 한 창 입 니 다 —
아 빠 생 각 나 서 꽃 을 봅 니 다 —

아 빠 가 매 어 놓은 새 끼 줄 따 라 —
아 빠 는 꽃 보 며 살 자 그 랬 죠 —

나 팔 꽃 도 어 울 리 게 피 었 읍 니 다 —
날 보 고 꽃 같 이 살 자 그 랬 죠 —

제 사

사람이 죽으면 장사를 지내고 그 자손이 조상의 은덕을 추모하여 지내는 것이 제사이다. 제사는 고인이 돌아가신 날인 기일에 해마다 지낸다.

제사 음식인 제수는 형편에 따라 정성껏 준비하면 족하다. 보통 맨 앞줄에는 과일, 둘째줄에는 포와 나물, 셋째줄에는 탕, 넷째줄에는 적과 전, 다섯째 줄에는 메(밥)와 갱(국)을 놓는다. '붉은 과일은 동쪽에, 흰 과일은 서쪽에', '생선은 동쪽에, 고기는 서쪽에' 등 격식에 따라 놓지만 지방에 따라 조금씩 다르다.

전통 제례 때 남자는 흰 도포나 두루마기를 입었으나 요즘은 깨끗한 평상복을 정장으로 입는다. 제사에 참석한 사람들은 절을 두 번 올리고 순서에 따라 술을 드린다. 제사가 끝난 후에는 모두 한 자리에 앉아 제사 음식을 먹는다. 이것을 음복이라 한다. 또 이웃 어른들을 모셔다 대접을 하고 가까운 이웃들에게도 음식을 나누어 준다.

제사 시간은 고인이 돌아가신 날 자정부터 새벽 1시 사이에 지냈으나 요즘은 시간에 구애받지 않고 그 날 해가 진 뒤 어두워지면 지낸다. 현대 산업 사회에서는 제사의 모습도 간소화되고 많이 변했다. 하지만 자손이나 친척들이 모여 조상에 대한 추모의 정을 나누고, 제사를 통해서 가족 공동체 의식을 다진다는 데에는 변함이 없다.

제사 ancestor worship	장사를 지내다 to hold a funeral
자손 posterity	조상 an ancestor
은덕 a hidden virtue	추모하다 to cherish a person's memory
고인 the deceased	
포 dried slices of marinated meat	족하다 to be enough
탕 soup	나물 edible potherbs
전 pan-fried fish or vegetables	적 shishkebab
제례 sacrificial rituals	격식 a rule
자정 at midnight	정장 formal dress
간소화 simplification	구애받다 to be tied down

제 12 과　생일

❀ 어휘

가까이	near	실	thread
결혼하다	to marry	심하다	to be serious, extreme
고맙다	to thank	아기	baby
놓다	to put down	알리다	to tell
달라다	to ask for	엊그제	the day before yesterday
돌	1st birthday(See note.)	연필	pencil
말씀	words (hon.)	예끼	Damn it
말씀드리다	to speak(to an elder)	이번	this (time)
먼저	first	일부러	on purpose
며칠	how many days ;	장면	scene
	a few days	조작	control, operate
백일	100 days(See note.)	집다	to pick up
비디오	video	찍다	to take (a picture)
빼다	to take out ; omit	초대하다	to invite
색깔	color	최고급	highest level
생일	birthday	파티	party
샴페인	champagne		

☏ 발음　Pronunciation

드렸니[드런니]	알았다[아라따]
고맙습니다[고맙습니다!]	심했나[심핸나]
놓았지[노아찌]	색깔[새깔]

-70-

문영 : 이번 내 생일에는 아는 사람을 모두 초대하겠어요. 그
러니까 요리메뉴는 제일 비싼 걸로 하고, 샴페인도 최
고급으로 준비해 주셔야 해요.
그리고 생일 파티 장면은 하나도 빼지 말고 비디오로
찍어 줘야 해요.
어머니 : 아버지께 말씀 드렸니?
문영 : 아뇨, 아직.
어머니 : 알았다. 아버지께 말씀드릴 때 내게 알려 주렴. 내가
그걸 먼저 비디오로 찍어야 할 것 같으니까……

****

남자 : 어서들 오십시오. 이렇게 와 주셔서 고맙습니다.
친구 : 며칠 전에 결혼한 것 같고, 아기 백일도 엊그제 지난 것
같은데 벌써 아기 돌이라니 시간이 참 빠르기도 하군.
남자 : 그러게 말이야.
친구 : 그래, 뭘 먼저 집었어? 실? 돈? 연필?
남자 : 난 저 아이가 공부를 잘 했으면 좋을 것 같아서 일부
러 연필을 가까이에 놓았지. 예쁜 색깔로 말이야.
친구 : 그랬더니?
남자 : 아니나 달라. 역시 연필을 먼저 집더군.
친구 : 예끼! 여보게. 그렇게 조작을 하는 데가 어디 있어?
남자 : 내가 너무 심했나?

☞ 문법 Grammar

1. -께 : -께 is the honorific form of the particle-에게/-한테 to. Its usage is the same as the particle-에게/-한테. It is attached directly to (personal)nouns and pronouns and indicates the receiver of an action of the one for whom something is done or exists. It is never used for oneself.

  선생님께 드릴 말씀이 있습니다.
  어머니께 보낼 편지예요
  이 일은 태영 씨에게 하라고 하는게 좋겠어요.
  아기한테 무슨 선물이 좋을까?

2. -렴 : The sentence-final ending -(으)려무나 is used mostly with action verbs and forms the plain imperative form. This pattern -(으)려무나 is similar in meaning to the pattern -아(-어,-여)라. However, it is less forceful than -아(-어,-여)라. -(으)려무나 can be contracted into -(으)렴 in rapid speech. -려무나 is used after verb stems ending in a vowel; -으려무나 after verb stems ending in a consonant.

  내게도 좀 보여주렴. 무슨 말씀이세요? 일기인데.
  어둡기 전에 일찍 출발하렴.

▨ 연습문제 Exercises

1. 다음을 읽으세요.

  (1) 결혼   (2) 심했나

2. 본문을 읽고 다음 물음에 답하세요.

  (1) 어머니는 왜 아버지한테 말할 때의 장면을 찍어야겠다고 했을까요?
  (2) '어서들 오십시오.'에서 '어서'에 복수를 나타내는 '들'이 쓰인 까닭은 무엇일까요?
  (3) 아기의 돌은 어떤 날입니까?

-72-

(4) 아기가 돌상에서 연필을 먼저 집는 것은 무엇을 뜻합니까?

(5) 아기가 돌상에서 실을 먼저 집는 것은 무엇을 뜻합니까?

3. 다음을 친한 사람끼리의 말로 고치시오.

[보기] 할까요? → 할까?

(1) 마실 물 좀 주세요.
   여기 있어요.
(2) 지금 가십니까?
   네, 지금 갑니다.
(3) 내일 학교에서 만납시다.
   재민 씨도 같이 만나기로 해요.

4. 왼쪽의 단어가 들어갈 수 있는 곳은 어디입니까?

(1) 많이 : (가) 문영이는 (나) 일요일에도 (다) 공부를 (라) 합니다.
(2) 여 : (가) 십 (나) 년 (다) 전 (라) 에 부산으로 이사갔습니다.
(3) 잘 : (가) 월슨 씨가 (나) 시험을 (다) 봤다고 (라) 하는군요.
(4) 조금 : (가) 소금을 (나) 집어 (다) 주십시오.

5. 보기에서 알맞은 것을 골라서 괄호를 채우시오.

[보기] 게, 뭘, 누가, 걸, 뭐가, 누굴

(1) 한라산에 가서 (   ) 보았어요?
(2) (   ) 한국말을 가장 잘 합니까?
(3) 이 가방이 당신 (   ) 맞습니다.
(4) (   ) 만나러 시내에 나갑니까?
(5) (   ) 가장 어려운 문제입니까?
(6) 오늘 공부한 (   ) 이야기해 보세요.
(7) 철수 (   ) (   ) 먹었니?
(8) (   ) (   )로 보십니까?

♫노래를 불러봅시다. Let's sing a song

어머님 은혜

윤춘병 요
박재훈 곡

1. 높고높은 하늘이라 말들하지만
2. 넓고넓은 바다라고 말들하지만

나는 나는 높은게 또 하나 있지
나는 나는 넓은게 또 하나 있지

낳으시고 키우시는 어머님 은혜
사람되라 이르시는 어머님 은혜

푸른하늘 그보다도 높은것 같애
푸른바다 그보다도 넓은것 같애

꼬부랑 할머니

한태근 곡

꼬부랑 할머니가 꼬부랑 고개길을
꼬부랑 할머니가 꼬부랑 길에앉아

꼬부랑 꼬부랑 넘어가고있네
꼬부랑 엿가락을 살며시 꺼냈네

(1.2.3) 꼬부랑 꼬부랑 꼬부랑 꼬부랑
(4) 꼬부랑 깽깽깽 꼬부랑 깽깽깽

꼬 부 랑 꼬 부 랑

고개는 열두고개 고개를 고개를 넘어간다

꼬 부 랑 고개를 넘어간다

-74-

아기의 출생

아기를 가지면 어머니는 모든 것을 조심하고 가려 행동한다. 앉을 때에도 자리가 반듯이 깔린 데 앉고 음식도 단정히 놓여진 것만 먹으며 과일 한 개를 먹더라도 모양이 바르고 예쁜 것을 골라 먹는다. 나쁜 말을 하지도 않고 듣지도 않으며 마음을 편안히 가진다. 좋은 글을 읽고 누구를 미워하지 않고 아름다운 생각을 하려고 노력한다. 어머니의 모든 행동이 태아(뱃 속의 아기)에게 영향을 미친다고 생각하여 언행을 삼가는 것인데 이를 '태교'라고 한다.

꿈에 열매를 보면 태어날 아이가 아들이라 믿었고, 꽃을 보면 딸이라 믿었다. 또한 용꿈을 꾸면 훌륭한 인물이 태어날 거라고 기대했다. 이런 '태몽'은 아기 어머니가 꾸기도 하지만 집안 사람 중의 다른 사람이 꾸기도 한다.

예전에는 아기의 출산이 어머니가 평상시에 지내던 방에서 이루어졌다. 아기를 낳은 어머니는 미역국을 먹었고 미역국 이외의 음식은 몸에 해롭다 하여 먹지 않았다. 또 너무 단단하거나 시거나 매운 음식은 피하였다.

출산 후에는 이 집에 아기가 태어났으니 함부로 들어오지 말라는 뜻에서 대문 밖에 '금줄'을 쳤다. 아들을 낳았을 경우에는 숯과 붉은 고추를 끼우고, 딸을 낳았을 경우에는 숯과 솔가지를 끼운다. 금줄은 삼칠일 동안 외부사람들의 출입을 막아 그 기간 동안 아기를 보호해 주고 산모도 보호해 주었다. 요즘에는 금줄은 보기 힘드나 아직도 삼칠일 정도는 방문을 삼가고 산모도 몸조리를 한다.

아기가 태어난 지 백일이 되면 백일 잔치를 한다. 친척이나 친지 등을 초대하여 여러 가지 음식을 대접하며 아기가 건강하게 자란 기쁨을 함께 나눈다. 손님들은 옷이나 아기에게 필요한 물건들을 선물한다. 그리고 기념으로 꼭 백일 사진을 찍어 백일이 된 아기의 모습을 남겨 둔다.

제 13 과   고사성어와 속담

❀ 어휘   Vocabulary

각종	all kinds of	속담	saying, proverb
경향신문	Kyong-Hyang Shinmun	신문	newspaper
고사성어	ancient saying	스포츠	sports
그거	that (thing)	신문팔이	newspaper vender
그래도	even so	싸다	to be cheap
다른	different	씩	a piece, each
답답하다	to be confining, frustrating	오후	afternoon
도움	help	원하다	to want
동아일보	Dong-A Ilbo	일석이조	two birds with one stone
떨어지다	to run out of	일요일	Sunday
무얼	what(obj.)	적히다	to be written down
무척	very	주	week
믿다	to believe ; trust	찾다	to look for, find
부	copy, volume	프로그램	program
비지떡	cheap dreg cake	필요하다	to be necessary
새모이통	bird feeder	한국일보	Hankook Ilbo

직원 : 어서 오세요. 무얼 찾으세요?

손님 : 예쁜 새모이통이 필요합니다. 저희 아이들이 새를 무척 좋아하거든요.

직원 : 새모이통은 지금 다 떨어졌습니다. 다음 주 일요일 오후에 아이들과 함께 나오세요. 각종 새들을 소개하는 프로그램이 있어서, 아이들에게 도움이 될 겁니다. 원하시는 새모이통도 그 때 보여 드리겠습니다.

손님 : 좋습니다. 그거 일석이조로군요.

직원 : 음 —. 저희 집에서는 될 수 있으면 그런 말은 사용하지 않고 있습니다.

* * * * * * * * *

신문팔이 : 신문이오! 한국일보, 동아일보, 경향신문이오, 스포츠!

손님 : 여기 신문 한 부만 주세요.

신문팔이 : 어떤 신문 드릴까요?

손님 : 한국일보요.

신문팔이 : 여기 있습니다.

손님 : 얼마입니까?

신문팔이 : 500원입니다.

손님 : 아니, 500원이라구요? 여기에는 300원이라고 적혀 있는데요?

신문팔이 : 손님, 신문에 난 것이라고 다 믿으시면 안 됩니다.

손님 : 뭐라구요? 그래도 다른 사람들은 모두 300원씩 받는데요?

신문팔이 : 아이고, 답답하군요. 싼 게 비지떡인 것도 모르세요?

새모이통   원하시는[워나시는]
받는데요[반는데요] 답답하군요[답따파구뇨]

☞ 문법 Grammar

1. -거든 : This pattern -거든, which indicates condition or stipulation, is followed mainly by an imperative or propositive form(the pattern -(으)면 doesn't have this limitation). This pattern -거든 is not only used as a conditional non-final ending meaning if, but also as a sentence-final exclamation which indicates astonishment or delight. Depending on the context, it can also indicate a slight causal condition, or explanation.

   Cf. 그가 집에 도착하거든 전화로 알려 주세요.
       그렇게 김밥이 먹고 싶거든 가서 사 오십시오.
       제가 조카들에게 그것을 사 주겠다고 했거든요.
       제가 그 영화를 보려고 했거든요.

2. -처럼 : The particle -처럼(the same) as, like preceded by a noun indicates the identical quality (condition, situation) or similarity.

   연꽃처럼 생긴 등이에요.
   철수처럼 열심히 공부하세요.
   김선생님은 우리를 오랜 친구처럼 대해 주십니다.
   한글처럼 배우기 쉬운 글자는 드뭅니다.

◑ 보충자료 Supplement

적다 : This is a verb that expresses the action of transferring words of writing to paper that have definite contents with the purpose of referring to them later or showing them to another person. In that '적다' has a definite written form, it is similiar in meaning to '쓰다', but the focus of the meaning of '쓰다' is on expression and not purpose. It is difficult for '적다' to simply mean expression.

경찰이 도망가는 차의 번호를 적는다./경찰이 도망가는 차의 번호를 쓴다./소설가가 소설을 쓴다./소설가가 소설을 적는다.

▨ 연습문제   Exercises

1. 다음을 읽으세요.

   (1) 좋습니다, 있습니다, 됩니다
   (2) 있는데요, 받는데요

2. 본문을 읽고 다음 물음에 답하세요.

   (1) 손님이 사려고 한 물건은 무엇입니까?
   (2) 직원이 일석이조라는 말을 쓰지 못하게 한 까닭은 무엇입니
      까?
   (3) 손님이 산 신문은 무엇입니까?
   (4) 신문 파는 사람의 이야기 가운데 잘못된 것은 무엇입니까?
   (5) '싼 게 비지떡'이라는 말은 무슨 뜻입니까?

3. 다음의 말이 가지고 있는 의미에 대하여 말해 보세요.

   (1) 일소일소(一笑一少)   (2) 일석이조(一石二鳥)

4. 관계있는 것끼리 연결하세요.

   (1) 운동경기면   (ㄱ) 서울의 주차시설
   (2) 문화면   (ㄴ) 대통령의 기자회견
   (3) 사회면   (ㄷ) 새 저축예금
   (4) 정치면   (ㄹ) 새로 나온 서적
   (5) 경제면   (ㅁ) 농구 대잔치

5. 보기에서 알맞은 것을 골라 괄호를 채우세요.

   [보기] '(이)다는', '(이)라는', '(이)다고', '(이)라고'

   (1) 저는 신정모(   ) 사람입니다.
   (2) 내일은 추울 것(   ) 합니다.
   (3) 강촌(   ) 곳을 아세요?
   (4) 그가 전화하겠(   ) 했어요.
   (5) 전화기가 고장(   ) 합니다.

(6) 현재 기온이 30도가 넘을 것(   ) 생각합니다.

6. 신문에는 여러가지 기사가 실립니다. 다음의 기사는 어떤 내용을 주로 싣는지 말해 보세요.

   (1) 해외 토픽
   (2) 사설

7. 빈칸에 알맞은 속담을 넣으세요.

   (1) 한선희 : 윌슨 씨가 어디 있지요?
             빨리 윌슨 씨를 만나야 하는데요.
       김재민 : 걱정 마세요. 제가 찾아 볼게요.
             이런 일은 (   )에요.
   (2) 한선희 : 아니 윌슨 씨, 어디에 있었어요?
             아까부터 제가 찾았는데요.
       윌   슨 : 왜요? 바로 옆방에서 책을 읽고 있었는데요.
       한선희 : (   )더니 전 그런 줄도 모르고
             재민 씨더러 윌슨 씨를 찾아달라고 했어요.
       윌   슨 : 재민 씨가 헛고생만 하겠군요.

8. 다음 속담의 뜻을 알아 봅시다.(cf. 5과 연습문제 3)

   (1) 공든 탑이 무너지랴.
   (2) 끼리끼리 모인다.
   (3) 소 잃고 외양간 고친다.
   (4) 빛 좋은 개살구.
   (5) 티끌모아 태산.
   (6) 우물안 개구리.
   (7) 세살 버릇 여든까지 간다.

섣달 그믐날

1년의 마지막 날인 음력 12월 31일을 섣달 그믐이라고 하고 그믐날 밤을 '제야' 라고 한다.

자정이 되면 서울 종로에 있는 보신각과 지방에 있는 큰 절에서 제야의 종소리가 울려 퍼지고 기다리고 있던 많은 사람들이 환호한다. 지나간 일년을 뒤돌아보고, 희망의 새해를 맞이하는 감격으로 인사말을 주고 받는다.

각 가정에서는 가족끼리 모여 어른에게 묵은 세배를 하고 새해를 설계한다. 또 재미있는 이야기와 윷놀이 등을 하면서 잠을 안 자려고 애쓴다. 주부들은 설날 음식을 준비하느라 밤을 새우다시피 한다.

그믐날 밤 자면 눈썹이 희어진다고 한다. 만일 어떤 사람이 잠을 참지 못하고 자버리면 가족이나 친구들은 눈썹을 희게 만들어 버리고 이튿날 아침 눈썹이 희어졌다고 놀려 대면서 한바탕 웃곤 한다.

섣달 그믐날은 집 안팎을 깨끗이 청소하여 새해를 맞이하는 마음의 준비를 한다. 그리고 집안 구석구석에 불을 밝혀 놓는데 이렇게 해야 나쁜 귀신의 출입을 막을 수 있다고 한다.

섣달 December: the year-end
환호하다 to cheer
묵은 세배 last year's greeting
애쓰다 to make an effort
눈썹 the eyebrow
안팎 the inside and outside

그믐날 the last day(of month)
감격 deep emotion
설계하다 to plan
밤을 세우다 stay up all night
한바탕 a round

제 14 과　질문

❀ 어휘　Vocabulary

개	a piece	배우다	to learn
거북선	turtle ship (See note.)	선생님	teacher(hon.)
계속	continuously	솔직하다	to be candid
괜찮다	to be all right	수업	class
귀찮다	to be bothersome	수효	number
글쎄	well	신라	Shilla(dynasty) (See note.)
글자	letter (of an alphabet)	쓰다	to write
높이	height	자(글자)	letter(of an alphabet)
마치다	to finish	자꾸	repeatedly
맞다	to be right ; to fit	중	among
머리카락	hair	질문	question
묻다	to ask	한라산	(tallest mountain in South
미터	meter(=100cm)		Korea)(See note.)

☎ 발음　Pronunciation

솔직히[솔찌키]　　　　　모르겠는데[모르겐는데]

귀찮으시죠[귀차느시죠]　괜찮아요[괜차나요]

선영　: 아버지, '솔직히'는 왜 '솔직이'라고 쓰지 않나요?

아버지 : 모르겠는데.

선영　: 한라산의 높이는 몇 미터나 되지요? 1,950미터가 맞나요?

아버지 : 모르겠는데.

선영　: 신라의 서울은 어디였어요?

아버지 : 글쎄?

선영　: 거북선을 만든 사람은 누구예요?

아버지 : 몰라.

선영　: 자꾸 물어 보니까 귀찮으시죠?

아버지 : 아니, 괜찮아. 뭔가를 배우려면 자꾸 질문을 하는 수밖
　　　　에 없잖니?

선영　: 배우는 게 없어도 계속 질문을 해야 하나요?

＊＊＊＊＊＊＊＊＊

선생 : 자, 오늘 수업은 이것으로 마치겠어요. 혹시 질문이 있으
　　　 면 질문하세요.

학생 : …….

선생 : 아무 질문이나 괜찮아요. 질문하세요.

학생 : 저, 선생님. 선생님의 머리카락 수효는 모두 몇 개나 되
　　　 나요?

선생 : 뭐라구요? 그런 질문 말고, 이 책 중에서 모르는 것을 질
　　　 문하세요.

학생 : 네, 그럼, 선생님. 이 책에 쓰인 글자는 모두 몇 자나 되
　　　 나요?

선생 : 어휴.

☞ 문법   Grammar

1. -려면 : if one is going to do so-and-so; if one intends to do so-and-so

   약속에 늦지 않으려면 아무래도 택시를 타야 할 겁니다.
   제시간에 도착하려면 서둘러야 해요.
   이왕 주려면, 깨가 든 송편을 주세요.

2. -밖에 : outside of limit

   가진 돈이라고는 이것 밖에 없어요.
   그렇게 생각하는 사람은 너밖에 없다.
   이제는 떠날 수밖에 더 있니?

◉ 보충자료   Supplement

'마치다'와 '끝내다' : Both have almost the same meaning in that some activity will no longer continue, but '마치다' means some work or event has been completed and there is nothing left to do. It is not used for work that is interrupted, abandoned, or diffcult to imagine ever being completed. Different from '마치다', '끝내다' is not only used with completed work but also with any work that has come to an end.

   일을 마치고 집으로 돌아왔다.
   일을 끝내고 집으로 돌아왔다.
   할일을 중간에서 끝냈습니다.
   할일을 중간에서 마쳤습니다.
   그는 음식장사를 끝내고 땅 장사를 시작하였다.
   그는 음식장사를 마치고 땅 장사를 시작하였다.

▨ 연습문제   Exercises

1. 다음을 읽으세요.

   (1) 민주주의의 의의
   (2) 삶의 의미
   (3) 의자의 다리가 부러졌다

-84-

2. 본문을 읽고 다음 물음에 답하세요.

   (1) '솔직히'는 왜 '솔직이'라고 쓰지 않습니까?
   (2) 신라의 서울은 어디였습니까?
   (3) 거북선을 만든 사람은 누구입니까?
   (4) 질문을 하여 선영이가 배운 것은 무엇입니까?
   (5) 머리카락이 별로 많지 않은 사람을 무엇이라고 부릅니까?

3. '아무'가 들어간 어구를 사용하여 보기와 같이 답하세요.

   [보기] 언제 만날까요? → 저는 아무 때나 좋아요.

   (1) 어디에서 점심을 먹을까요?
   (2) 어떤 사람을 부를까요?
   (3) 커피를 드릴까요, 홍차를 드릴까요?
   (4) 10시와 11시 중에서 언제가 편하세요?
   (5) 누구를 부를까요?

4. 다음을 보기와 같이 고치세요.

   [보기] 학생이 나갔다. → 나간 학생 ; 밥을 먹었다. → 먹은 밥

   (1) 사람이 들어 왔다.
   (2) 영화를 보았다.
   (3) 일을 했다.
   (4) 책을 샀다.
   (5) 과자를 사 보았다.

5. 주어진 단어를 이용하여 다음 문장을 완성하세요.

   (1) 보다 : 오늘 (   ) 영화가 재미있을까요?
   (2) 쓰다 : 이 것은 누가 (   ) 책이에요? 참 재미있었어요.
   (3) 가다 : 저기를 보세요. 아영 씨 옆에 (   ) 사람이 윌슨 씨에
          요.

(4) 사다 : 아까 (　　) 물건을 문 앞에 두었어요.

(5) 살다 : 앞으로 제가 (　　) 집이에요.

(6) 쓰다 : 볼펜을 가지고 있어요? (　　) 것 좀 주세요.

♫노래를 불러봅시다.　Let's sing a song

고향의 봄

이원수 요
홍난파 곡

1. 나 의 살-던 고 향은 꽃 피 는 산-골
2. 꽃-동-네 새 동네 나 의 옛 고-향

복 숭 아꽃 살 구-꽃- 아 기 진 달-래
파-란 들 남 쪽-에 서 바 람 이 불-면

울 긋 불 긋 꽃-대 궐 차 리 인 동-네
냇-가 에 수 양 버 들 춤 추 는 동-네

그 속 에 서 놀 던-때 가 그 립 습 니-다

-86-

연하장 쓰기

새해가 되면 아는 분들과 친구들에게 연하장을 씁니다. 연하장은 카드 모양이고 그 안에 간단한 인사말을 씁니다.
다음은 회사원이 쓴 연하장과 학생이 선생님께 보내는 연하장입니다.

전영호 과장님

　지난 한 해 동안 여러 가지를 도와 주셔서 감사합니다. 새해에는 더 행복하시고 하시는 일마다 잘 되시기를 바랍니다.

이민구 올림

박영신 선생님

　한 학기 동안 잘 가르쳐 주셔서 정말 감사합니다. 선생님 덕분에 많이 배우고 한국 생활도 재미있었습니다. 새해에 복 많이 받으시고 언제나 건강하세요.

제임스 올림

새해　New Year
연하장　The New Year's card
모양　shape, form
간단하다　to be simple
과장님　a section chief
한 해　one year
동안　during

-기를 바라다　I wish -
여러 가지　various things
올림　Sincerely
학기　a semester
-덕분에　thanks to -
복　good fortune, blessing
건강하다　to be healthy

제 15 과   취미

❀ 어휘   Vocabulary

관계	relation	여유	surplus, composure
독서	reading	영화	movie
동전	coin	오래	for a long time
들어가다	to enter, go in	오분	5 minutes
모으다	to gather	운동	movement ; exercise
물	water	음악감상	listening to music
삼촌	uncle(mother's brother)	재작년	the year before last
생활	life	정도	around, approximately
속	inside	좋아하다	to like
수영	swimming	중요하다	to be important
십분	10 minutes	취미	interest, hobby

☎ 발음   Pronunciation

삼촌(=삼춘)	수영
상당히	취미

아저씨 : 운동을 좋아하십니까?

아가씨 : 네, 보는 것보다는 하는 것을 더 좋아합니다.

아저씨 : 무슨 운동에 취미가 있습니까?

아가씨 : 저는 수영을 좋아합니다.

아저씨 : 저도 수영을 좋아합니다. 물 속에 오래 들어가 있는 것도 잘 하십니까?

아가씨 : 한 오분 정도는 있을 수 있습니다.

아저씨 : 저는 십분 정도는 있을 수 있습니다.

친　구 : 그렇습니까? 저희 삼촌은 재작년에 들어가셔서 아직도 안 나오셨는데.

＊＊＊＊＊＊＊＊＊

남자 : 어떤 취미 생활을 하느냐 하는 것도 상당히 중요하죠. 생활이 얼마만큼 여유가 있느냐 하는 것과 관계가 있으니까요.

여자 : 그래요. 음악감상을 한다든가, 영화를 본다든가, 아니면 우표나 동전을 모으는 것들도 좋은 취미라고 할 수 있지요.

남자 : 그럼 어떤 취미를 가지고 계십니까?

여자 : 저는 독서가 취미예요.

남자 : 네? 독서가 취미라구요?

여자 : 왜요? 그게 이상한 건가요?

남자 : 이상하다마다요. 독서는 취미가 아니라 생활이어야 하니까요.

여자 : 그러신 선생님께서는 어떤 취미를 가지고 계신가요?

남자 : 제 취미는 요리입니다.

여자 : 요리라구요? 그럼, 제일 잘 만드시는 요리는 뭐지요?

남자 : 혹시 아실지도 모르겠는데요. 컵라면이라구.

여자 : !!!

☞ 문법 Grammar

1. -은/는 : The particle -은/는 is used to indicate the comparison following a topic which is being compared(ex. 그분은 He in comparison with others.) In other words, the particle -은/는 would not be used if no comparison were being made with another subject or with the connotation of comparison. This particle -은/는 can be attached to almost any part of the sentence.

The contrast particle -은/는 is usually used when there is a pattern indicating a comparison in a sentence by the two different subjects(-지만, -아/어/여도, -고).

-은 is used after words ending in a consonant, -는 is used after words ending in a vowel. When the affirmative question form is used with the particle -도, the negative answer is always used with the contrast particle -은/는.

① 역사는 과거와 미래와의 대화이다.
　동규는 내 친구이다.
　아이는 어른들이 자기를 보는 거울이다.
　삶은 고통이다.
　꽃은 장미가 예쁘다.
　사람들이 많이는 왔다.
　커피는 잠이 안 와.
　서울에서는 그런 일이 예사로 일어난다.
　불란서 요리를 먹어는 보았다.
　그것이 문제는 문제이다.
② 그 사람이 나를 생각하기는 한다.
　학생들이 장난을 치기는 한다.
　며느리가 시부모를 모시기는 모신다.
③ 지금 우리가 떠나서는 안 된다.
　이쪽에서 큰 소리를 지르며는 저쪽까지 들린다.
④ 나는 그를 만나러 사무실로 찾아가고는 하였다.
　쓸쓸할 때에는 노래를 부르고는 하였다.

2. -아/어/여서 This pattern -아/어/여서(someone)does and does is used

to perform one action and then a second one by the same subject. It is directly attached to the stem of the first action verb and is followed by the second verb. This pattern -아/어/여서 regularly ends with comma intonation. The tense is expressed in the final(main)verb, not in the first verb with -아/어/여서. This pattern -아/어/여서 depending on the context or situation, is also used to indicate cause or reason.

When this pattern -아/어/여서 indicates cause or reason, it is mostly used with description verbs except for they used with the verbs such as 오다, 없다 etc. When the final(main)clause is an imperative or propositive, it is not used with this pattern -아/어/여서 but used with another causal non-final ending -(으)니까. The tense or negation is expressed in the final(main) clause, not in the first(dependent)clause with -아/어/여서.

피곤해서, 조금 쉬려고 합니다.
수업이 일찍 끝나서, 영화나 한 편 보려고 합니다.
괜찮은 방이 있다고 해서 보러 왔습니다.
그가 식당에서 점심을 먹는다고 해서 왔어요.
이 방은 남향이라서 햇볕이 잘 들어요.
라디오가 고장이라서 고쳐야 합니다.
말이 너무 빨라서, 알아 듣기 힘들어요.
학교에 가다가 비가 와서 우산을 가지러 왔습니다.
시간이 늦기는 했지만 급한 일이라서 전화했어요.
너무 아파서, 아무래도 약을 먹어야겠어요.

■ 연습문제 Exercises
1. 다음을 읽으세요.

(1) 이것은 이런 곳에 두지 마세요.
(2) 아이스크림을 여기 놓지 말고, 냉장고에 넣으세요.

2. 본문을 읽고 다음 물음에 답하세요.

(1) 아저씨와 아가씨가 좋아하는 운동은 무엇입니까?
(2) 삼촌은 누구를 가리킵니까?
(3) 독서는 왜 취미가 아니라고 했습니까?
(4) 남자의 취미는 무엇입니까?
(5) 여자가 놀란 까닭은 무엇입니까?

3. 다음 보기와 같이 문장을 만드세요.

[보기] 이 책, 저 책, 비싸다 → 이 책보다 저 책이 더 비쌉니다.

(1) 철수, 영수, 크다
(2) 기차, 비행기, 빠르다
(3) 백두산, 설악산, 낮다
(4) 어제, 오늘, 덥다
(5) 작년, 올해, 바쁘다
(6) 재민, 정모, 영리하다

4. 다음의 동사들을 보기에 있는 알맞은 형태로 바꾸어 빈칸을 채우세요.

[보기] -고 싶다, -야 하다, -려고 하다, -을 수 있다

(1) 만나다 : 선생님을 언제 오면 (   )?
(2) 있다 : 숙제를 끝내려면 충분한 시간이 (   ).
(3) 배우다, 하다 : 한국말을 (   )는데, 어떻게 (   )?
(4) 보다 : 아영 씨를 (   )어서, 찾아 왔습니다.

5. '-든가'와 다음 어구를 사용하여 짧은 글을 지으세요.

(1) 쉬다, 자다
(2) 산으로 가다, 바다로 가다
(3) 비가 오다, 맑다
(4) 지각하다, 결석하다
(5) 남의 학생증을 사용하다, 빌려 주다
(6) 휴지를 버리다, 아무 데나 두다

태 권 도

　요즘 나는 하늘을 날아갈 만큼 기분이 좋다. 왜냐하면 며칠 전 태권도 심사에서 검은 띠를 따게 되었기 때문이다. 그 동안 연습하다가 발을 삐기도 하였고 격파를 하다가 손을 다친 일도 한두 번이 아니었다. 선배들의 날쌘 동작, 정확한 기술을 보며 많이 부러웠다. 그러던 내가 드디어 검은 띠를 맬 수 있게 된 것이다. 너무 좋아서 밤에 잠도 오지 않는다.

　태권도는 한국에서 옛날부터 전해 내려 오는 고유한 전통 무술이다. 맨손과 맨 주먹으로 발차기, 엎어치기 등 신체를 이용하여 자신의 몸을 방어하기도 하고 공격하기도 한다. 태권도는 몸을 건강하게 해줄 뿐만 아니라 정신적으로도 수양을 쌓을 수 있는 멋진 운동이다. 이제는 세계 태권도 대회가 열릴 만큼 전세계에 널리 퍼져서 모르는 사람이 없다.

　독일에서 친구를 따라 태권도장에 갔다가 우연히 태권도를 알게 되었다. 태권도를 배우면서 한국에 대한 관심도 저절로 생기게 되었다. 태권도의 나라에서 태권도를 제대로 배우기로 하고 한국에 왔다. 이제 기술도 제법 늘었다. 좀 더 실력을 쌓은 후에 독일에 돌아가서 태권도 사범을 하는 것이 나의 희망이다.

심사 judging	띠 belt
삐다 to sprain	격파 destruction
날쌔다 to be quick	정확하다 to be accurate
고유하다 to be peculiar	무술 martial art
맨손 bare hands	맨주먹 naked fist
방어하다 to defend	공격하다 to attack
정신적으로 mentally	수양하다 to improve one's mind
우연히 by chance	저절로 in a natural progression
제대로 properly	제법 quite ; rather
실력 ability	

제 16 과   은행

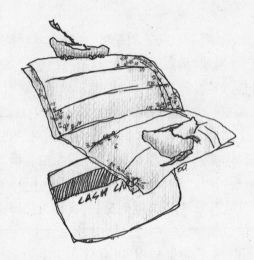

❀ 어휘   Vocabulary

가옥대장	house register	업무	business
고유	original, inherent,	연대보증서	joint and several bond
그러다	doing so	예금청구서	withdrawal request form
금액	amount (of money)	은행	bank
납부증명서	certificate of tax payment	인감증명서	certificate of one's
놀라다	to be surprised		seal impression(See note.)
대출	lending out	재산세	property tax
몇장	how many sheets ;	적다	to be few
	a few sheets	점심값	lunch money
모자라다	to be insufficient	주민등록등본	citizen's id. card copy
서류	document	준비	preparation
숫자	numeral	청구서	request form
신청서	application form	행원	bank teller
아라비아	Arabia	현금카드	cash card
액수	amount (of money)		

☎ 발음   Pronunciation

현금   한글
빌려   않거든요[안커드뇨]

행원 : 어떻게 오셨습니까?

손님 : 돈을 찾으려고 하는데요. 현금카드를 가지고 오지 않았어요.

행원 : 그러시면 예금청구서를 쓰셔야 합니다.

손님 : 몇 장을 써야 하나요?

행원 : 물론 한장이지요.

- - - - - -

행원 : 손님, 이 청구서는 다시 써 주셔야 하겠는데요.

손님 : 아니, 무엇이 잘못 되었습니까?

행원 : 네, 금액의 숫자는 아라비아 숫자가 아니라 한글로 쓰셔야 하거든요.

손님 : 그래요? 몰랐어요.

* * * * * * * * *

행원 : 어서 오십시오.

손님 : 돈도 빌려 주십니까?

행원 : 물론이죠. 대출 업무야 은행의 고유 업무 중의 하나인걸요.

손님 : 그럼, 2,000원만 빌려 주십시오.

행원 : 뭐라구요? 2,000원이요?

손님 : 왜 놀라십니까? 점심값이 조금 모자라서요.

행원 : 그런 적은 액수는 대출하지 않거든요.

손님 : 무슨 소리요? 조금 전에는 고유업무라고 하고선.
　　　　한 입으로 두 소리하기요? 빌려 주시오.

행원 : 좋습니다. 빌려 드리죠. 그 전에 대출 준비 서류를 해 오셔야겠는데요.
　　　　대출 신청서, 인감증명서, 주민등록등본, 가옥대장, 연대보증서, 재산세납부증명서, ……

☞ 문법　Grammar

1. -고(서) : To say that the same one person performs a second action after having previously completed another one, you add the ending -고(서) to the verb stem of the first(action) verb, while giving the second ver its normal sentence-final ending.

　　아침을 먹고(서) 왔어요.

I came after (having eaten) breakfast. Notice that when using this pattern the subject of both verbs must be the same. Any action verb can go with this ending except the verb 가다, 오다 (or their compounds), and some other verbs of movement or change of posture, like 앉다, 서다 (or their compounds), 일어나다, etc. These verbs always go with the -아/어/여서 ending. The pattern -고(서) (does) after (doing) answers the non-expressed question when?, while the pattern -아/어/여서 (does) and (does) answers the question what? You can drop -서 in colloquial speech , but it sounds more stressed (emphatic) or formal when -서 is used. Therefore in the beginning stage it is better to practice this pattern with -서. After you have mastered the pattern you are free to drop it. The tense is regularly expressed in the final clause, not in the first clause with -고(서).

　　좀 춥지만 참고서, 공부합시다.
　　약도를 보고서, 찾아 오세요.
• 　택시를 타고서 가는 편이 좋습니다.
　　전화를 걸고서 가는 편이 낫습니다.
　　우산을 안 가지고서 학교에 갔다가 비를 잔뜩 맞았습니다.
　　감기가 좀 낫기는 했지만 상태를 더 두고 보아야 해요.
　　매일 아침 커피를 마시고서, 학교로 갑니다.
　　책을 사고서, 가방을 사러 가겠습니다.
　　일요일을 빼고서, 공휴일이 모두 14일입니다.
　　철수를 빼고서, 모두 합격했어요.
　　저런, 문을 안 걸고서 그냥 왔어?
　　문을 열어 놓고서 청소를 하세요.

예습이나 해 놓고서 놀러 나가세요.
며칠 전에 갔던 곳에 우산을 두고서 온 것 같다.
좀 쉬고서 숙제를 할께요.

2. -(으)려고 : The suffix -(으)려고 is attached to the stem of action verbs and expresses the purpose of the action. The phrase or clause with -(으)려고 always precedes the main clause. The suffix -(으)러 also expresses purpose but it is used only when followed by either 가다 or 오다 or their compounds, whereas the suffix (으)려고 can be followed by any action verb -려고 is used after verb stems ending in a vowel; -으려고 after verb stems ending in a consonant. The tense is regularly expressed in the main clause, not in the verb with -(으)려고.

아영이가 집들이를 하려고 합니다.
지금 점심을 먹으려고 합니다.
너무 피곤하기 때문에 그냥 쉬려고 합니다.
수업이 일찍 끝나서, 영화나 한 편 보려고 합니다.
제가 그 영화를 보려고 했거든요.
내일부터는 좀 쉬려고 합니다.
대학을 마친 다음 곧 직업을 구하려고 합니다.
빨리 차게 하려고 일부러 수박을 냉동실에 넣어 두었어요.
올 추석은 고향에 내려가 집안 식구끼리 보내려고 합니다.
Cf. 괜찮은 방이 있다고 해서 보러 왔습니다.
    식빵을 사러 갔다가 가끔 샌드위치를 먹어 봤어요.
    지금 일하러 가는 길입니다.
    수업이 끝난 다음 영화보러 가겠습니다.
    심심한데, 영화나 보러 갈까요?
    예습이나 해 놓고 놀러 나가세요.

▨ 연습문제   Exercises
1. 다음을 읽으세요.

   (1) 재민 씨, 가서 쌀 좀 사오세요.
   (2) 사온 쌀을 상 옆에 두지 마십시오.

2. 본문을 읽고 다음 물음에 답하세요.

   (1) 현금카드가 없을 때에 은행에서 돈을 찾으려면 어떻게 해야
       합니까?
   (2) 금액의 숫자를 한글로 써야 하는 까닭은 무엇입니까?
   (3) 은행의 두 가지 주요 업무는 무엇입니까?
   (4) '한 입으로 두 소리 한다'는 말은 무슨 뜻입니까?
   (5) 은행에서 돈을 빌릴 때에 필요한 서류들은 무엇무엇입니까?

3. 보기와 같이 문장을 완성하세요.

   [보기] 커피, 홍차, 시키다 --- 커피가 아니라, 홍차로 시켜 주세요.

   (1) 새끼손가락, 엄지손가락, 지장을 찍다
   (2) 한글, 한자, 이름을 쓰다
   (3) 사무실, 학교, 찾아 오다
   (4) 샌드위치, 햄버거, 주다
   (5) 만원짜리, 천원짜리, 수표를 바꾸다

4. 다음의 예금에 대하여 알아봅시다.
   (1) 보통예금
   (2) 저축예금
   (3) 당좌예금
   (4) 정기예금
   (5) 정기적금
   (6) 주택청약예금

5. 다음은 예금통장의 한 예입니다. 물음에 답하세요.

	거래일자	거래구분	찾으신금액	맡기신금액	남은금액	취급점
1		첫거래에 감사합니다			신규	
2	95.01.12	현금		*200,000	*200,000	059
3	95.01.25	현금		*50,000	*250,000	059
4	95.02.15	당행CD지급	*50,000		*200,000	047
5	95.03.02	당행CD지급	*50,000		*150,000	047

(1) 언제 통장을 처음 만들었습니까?
(2) 1월말까지 모두 몇 번 은행에 갔습니까?
(3) 2월말 현재 모두 얼마가 통장 속에 있습니까?
(4) 이자가 붙었습니까?

---

❶ 한국을 압시다　　　　　　　내집 마련

집값, 전세값 등 부동산 시세가 오르고 있다. 정부에서는 물가를 잡으려고 강력하게 규제를 하지만 대부분 사람들은 언제나 불안한 생각을 하고 있다. 인구가 많아지고 통화량도 늘고 있으니 물가가 오르면 올랐지 더 내려갈 가능성은 거의 없는 것 같다. 물가가 오르면 부동산 값도 덩달아 오른다는 것은 설명할 필요가 없다.

부동산 가격이 오르더라도 내집을 갖고 있으면 마음이 놓인다. 그러나 전세나 월세로 사는 사람들은 손해를 본다. 전세 가격 자체가 오르는 데다가 내집 마련의 길이 더 멀어지기 때문이다. 게다가 부동산 가격은 언제 떨어질지 예측하기가 어렵다. 당장 내집 마련이 어렵다면 지금부터라도 준비하는 것이 낫다. '늦었다'고 생각될 때가 '빠르다'는 말도 있지 않은가?

물가가 오를 때 내집을 마련하는 지름길은 단 한 가지밖에 없다. 주택 구입 금액의 반 정도는 자기 자금으로 내고 나머지는 금융 기관의 대출을 받는 것이다. 필요한 돈을 다 모아 놓은 다음에 집을 구입하려 하다가는 평생 내집 장만을 못하기 십상이다.

집 없는 사람들이 은행 대출을 쉽게 받으려면 평소에 미리 준비를 해 놓아야 한다. 예를 들면 근로자 주택 마련 저축, 주택 청약 예금, 주택 보험 같은 것에 미리 들어 두면 자동적으로 대출이 가능하기 때문이다.

제 17 과   식당

✾ 어휘   Vocabulary

갈비	ribs	빈대떡	(food similar to pan cakes) (See note.)
감사하다	to thank		
글	writing	식당	cafeteria ; restaurant
김치찌게	kimch'i stew(See note.)	싸다	to be cheap
냉면	cold noodles	외상	credit
다르다	to be different	월슨	Wilson
된장찌게	bean paste stew	이리	here, this way
들다(먹다)	to eat, drink	잠깐	a moment
맛	taste	종업원	service worker
맛있다	to taste good	직접	direct(ly)
밥	(cooked) rice	진주	pearl
벽	wall	특선	specially chosen
불갈비	broiled ribs	현금	cash
		혼자	alone

☏ 발음   Pronunciation

싸니까요	특선
빈대떡	잠깐

종업원 : 어서 오세요. 자리 있습니다.
윌　슨 : 이 집 음식이 맛이 있나 보군요?
선　희 : 우선 값이 싸니까요.
종업원 : 무얼 드릴까요?
윌　슨 : 음, 나는 김치찌개요.
선　희 : 나는 된장찌개요.
- - - - - -
선　희 : 여보세요. 아가씨.
종업원 : 부르셨어요?
선　희 : 이게 뭐예요? 밥에서 돌이 나왔어요.
종업원 : 그래요? 그렇지만, 손님, 4,000원 짜리 밥에서 진주가
　　　　　나오리라고 생각하신 건 아니시겠죠?

* * * * * * * * *

종업원 : 어서 오세요. 이리 앉으세요.
손　님 : 고맙습니다.
종업원 : 이렇게 저희 식당을 찾아 주셔서 감사합니다.
손　님 : 그래 오늘 특선 요리는 무엇입니까?
종업원 : 오늘은 불갈비와 빈대떡이 맛있습니다.
손　님 : 그리고요?
종업원 : 갈비와 빈대떡을 드신 뒤에는 저희집에서 직접 만든
　　　　　냉면을 드시는 것이 좋을 것 같습니다.
손　님 : 그럼 우선 갈비 3인분만 주세요.
종업원 : 누구 다른 분이 더 오시나 보지요?
손　님 : 아니오. 나 혼자요.
종업원 : 네, 알겠습니다.
손　님 : 아, 잠깐. 외상도 되겠지요?
종업원 : 뭐라구요? 글쎄요? 저기 벽에 있는 글을 크게 읽어 보
　　　　　세요.
손　님 : 오늘은 현금, 외상은 내일.

☞ 문법 Grammar

1. '저희'와 '우리' : '저희' and '우리' are both words used to indicate a person combined with other people(first person, plural pronoun), but '저희' has the difference of being used when the speaker wishes to humble himself or herself before the listener. Therefore, '우리' can be used either when including or excluding the listener, but '저희' can never include the listener.

> 덕분에 우리는 잘 있습니다.
> 덕분에 저희는 잘 있습니다.
> 이 일은 우리가 합시다.
> 이 일은 저희가 합시다.

Koreans often use the word '우리' or '저희' for 'my' This reflects the importance of the group in Korean society. The use of '내' (my) or '제' (my [humble]) sounds unnatural to Koreans, particularly in reference to people or group-based organizations (schools, companies, etc).
Examples: "우리 누나가 고등학교에서 가르치고 있어요" (My sister teachers at a high school) or "우리 집사람이 다음주에 한국에 돌아올 것 같아요" (My wife is coming back to Korea next week). While the Korean expression is Literally our wife, English speakers often use the singular my in the same case. '내' and '제' can be used to refer to material things that are not or cannot be possessed by or shared with a group. "내 열쇠가 없어졌어요." (my key disappeared).

◐ 보충자료 Supplement

The pronunciation of '맛있다' Generally when '맛' and '있다' are combined, the pronunciation becomes[마싣따]. This occurs because even though the word '맛있다' is composed of the two words '맛' and '있다', the boundary between the two words is not recognized, and they are perceived as one word. In the same way, '멋있다' is also generally pronounced as [머싣따]. Concerning these words, in the cases where people pronounce them as [마딛따] and [머딛따], these speakers are recognizing a boundary between the two words. At this time, we could say that this expression is perceived as a phrase and not a word. Both pronounciations are possible. However, care should be taken to pronounce the wods '맛없다' and '멋없다' as [마덥따] and [머덥다].

▦ 연습문제   Exercises

1. 다음을 읽으세요.

(1) 있습니까, 있어요, 있고, 있는데
(2) 일을 자꾸 시키지 마세요.
    물을 너무 식히지 마세요.

2. 본문을 읽고 다음 물음에 답하세요.

(1) 선희가 그 식당에 간 이유는 무엇입니까?
(2) 윌슨이 시킨 음식은 무엇입니까?
(3) 앞의 글에 나오는 종업원이 잘못한 것은 무엇입니까?
(4) 냉면을 먹기 전에 무엇을 먹는 것이 좋다고 합니까?
(5) 외상이란 무엇입니까?

3. 관련있는 것끼리 연결하세요.

(1) 한식집   (ㄱ) 불고기, 곰탕, 냉면
(2) 중국집   (ㄴ) 도넛, 식빵
(3) 양식집   (ㄷ) 우동, 라면, 비빔면
(4) 분식집   (ㄹ) 비프 스테이크, 포크 커틀릿
(5) 빵 집   (ㅁ) 짜장면, 탕수육

4. 관련있는 것끼리 연결하세요.

(1) 소금   (ㄱ) 맵다
(2) 설탕   (ㄴ) 짜다
(3) 고추장   (ㄷ) 쓰다

(4) 식초   (ㄹ) 시다
(5) 약   (ㅁ) 달다

5. 보기에서 알맞은 어구를 골라서 괄호를 채우세요.

[보기] 끓이다, 담다, 붓다, 썰다, 젓다, 짓다, 푸다

(1) 솥에 (   )은 밥이 맛있습니다.
(2) 주전자에 물을 가득 (   )고 끓이세요.
(3) 국자로 국을 (   )세요.
(4) 야채를 도마 위에 놓고 (   )세요.
(5) 커피를 잘 (   )은 후 드세요.
(6) 이 냄비에 국을 (   )세요.
(7) 불고기를 접시 위에 (   )아 상에 두세요.

♫노래를 불러봅시다.   Let's sing a song

섬집 아기

한인현 요
이흥렬 곡

조금 느리게
mp

1. 엄마가 섬그늘 에 — 굴 따러 — 가 면 —
2. 아기는 잠을 곤 히 — 자 고 있 — 지 만 —

아기가 혼자남 아 — 집 을 보 — 다 가 —
갈 매기울음소 리 — 맘 이 설 — 레 어 —

mf
바다가 불러주 는 — 자 장 노 래 에 —
다 못 찬 굴 바 구 니 — 머 리 에 이 고 —

mp
팔 베 고 스 르 르 르 — 잠 이 듭 — 니 다 —
엄 마 는 모 랫 길 을 — 달 려 옵 — 니 다 —

온 돌 방

한국인들은 날씨가 추운 날 손님이나 나이 드신 분이 찾아오면 우선 방 아랫목으로 안내하고 앉으시라고 권한다. 그 곳은 방바닥이 따뜻하기 때문이다.

한겨울에 온돌방에 앉아 화로에 밤이나 고구마를 구워 먹으며 어른들로부터 구수한 옛날 이야기, 귀신 이야기를 듣던 일은 잊을 수 없는 고향의 추억이다. 여름이면 불을 넣지 않은 온돌 위에 돗자리를 깔아 그 위에 앉으면 더 할 수 없이 시원하다.

온돌은 큰 돌로 구들장을 깔아 방을 덥히는 재래식 난방법이다. 부엌에 있는 아궁이에 나무를 때어서 그 뜨거운 열기로 돌을 달구어 방바닥 전체를 덥히는 것이다. 불을 때는 쪽이 아랫목, 위쪽을 윗목이라고 한다. 아랫목은 상석으로 나이가 많거나 신분이 높은 사람이 앉는다. 구들장은 한 번 달구어지면 오랫동안 온기를 간직할 수 있다. 겨울이 추운 한국의 기후에는 참으로 적절한 난방법이다.

그러나 요즘은 주거 환경이 변하여 전통식 한옥보다는 양옥이나 아파트가 늘어났다. 연료도 기름이나 가스를 많이 쓰게 되었고 보일러 시설도 일반화되었다. 따라서 방바닥 전체가 골고루 따뜻하여 아랫목, 윗목의 구별도 없어지게 되었다. 또한 생활 양식도 많이 바뀌어 침대나 의자를 많이 사용한다.

온돌 the Korean Under-floor hrating
    system
귀신 a ghost
돗자리 a straw mat
재래식 conventional type
난방법 heating system
시설 facility
아궁이 fireplace / fire-hole

달구다 mahe hot, heat
상석 seat of honor
화로 a fire pot
추억 remembrance
구들장 a flat stone for flooring a room
    over a Korean hypocaust
주거환경 housing environment
연료 fuel(gas)

제 18 과   공항

❀ 어휘   Vocabulary

가지	kind	별로	(not) especially
가지고 오다	to bring	병	bottle
거짓말하다	to lie	비행기	airplane
걱정하다	to worry	비행기표	airplane ticket
공항	airport	세관원	customs officer
꼬마	child	세금	tax
다녀오다	to go and come back	술	alcoholic beverage
따로	separately	승객	passenger
멀리	far	신고하다	to report
면세	duty free	웬	what kind of
모양	shape, appearance	유효하다	to be valid
문제	problem; question; issue	육개월간	during 6 months
물다	to pay	짐	bag, burden
미국	America	출발하다	to depart
반값	half price	타다	to mix in
방법	method	포기하다	to get on
		한	approximately

☎ 발음   Pronunciation

공항

지났잖아요[지나짜나요]

거짓말[거진말]

유효

직원 : 꼬마야, 너 몇 살이지?

꼬마 : 네, 아홉 살이요.

직원 : 거짓말하면 어떻게 되는지 알지?

꼬마 : 네, 반값에 비행기를 탈 수 있대요.

* * * * * * * * *

승객 : 도대체 어떻게 된 일입니까? 출발하기로 한 시간이 두
　　　시간이나 지났잖아요?

직원 : 아, 너무 걱정하지 마십시오. 손님께서 가지고 계신 비행
　　　기표는 육개월간 유효하거든요.

* * * * * * * * *

세관원 : 어서 오십시오. 멀리 갔다 오시는 모양이지요?

승　객 : 네, 미국에 다녀 옵니다.

세관원 : 오래 계셨나 봐요? 짐이 많으신 걸 보니……

승　객 : 별로 오래 있지는 않았습니다.

세관원 : 따로 신고하실 물건은 없습니까?

승　객 : 없습니다.

세관원 : 여기 웬 술이 이렇게 많죠?

승　객 : 왜요? 그게 문제가 됩니까?

세관원 : 네, 두 병까지만 면세이거든요. 세금을 무셔야 되겠는
　　　　데요.

승　객 : 어떻게 안 될까요?

세관원 : 어떻게 안 되다니요?

승　객 : 세금을 안 물 수 없느냐는 거죠.

세관원 : 세금을 안 내는 방법 한 가지가 있기는 한데…….

승　객 : 그게 뭡니까?

세관원 : 두 병 이상은 포기하는 것이지요.

1. 몇 : When used before a noun :

① It is used in front of a noun when asking the amount of objects;

② It is used in front of a noun when not knowing the exact amount of objects and when those objects do not amount to much; and

③ It is used in front of a noun taking '-든/이든', '-든지/이든 지' and '-라도/이라도' when the amount of objects is not specially limited.

When it is used separately as a pronoun, its meaning is not very different from its meaning before a noun. However, '몇' can never be used when the number of times a certain event happened is being expressed.

사람이 몇이냐? 셋이다.
세 명이다.
몇 학생이 한선생님을 찾아왔었습니다.
맥주는 몇 병이라도 마실 수 있습니다.
네가 한국에 간 것이 몇 번이니?
네가 한국에 간 것이 몇이니?

2. 말다 : ① It is used when something that was being done is now stopped.

　그림을 그리다가 말았다.

② When followed by the verb or adjective ending '-고', it expresses the meaning that some task or event is over or that some turn of events is regrettable. When the subject is in the first person and after '-고' the speaker says '말겠 다', it cxpressed a firm perception that something is certain to happen.

　그녀는 나를 떠나고 말았습니다.
　나는 멋진 자동차를 사고야 말겠다.

③ If used following the ending '-지', it becomes a command forbidding a certain behavior.

잔디밭에 들어가지 말아라.

물건에 손대지 마시오.

④ If used following certain words expressing psychological processes, it also forbids such behaviors. Such sentences including this must have the meaning of a command, request, or wish.

염려 말고 집에서 기다리세요.

⑤ When the expression is '마다하다', one person is telling another person not to do something.

어려운 일도 마다하지 않고 열심히 일합니다.

⑥ When used after a root word or an adverb, the object is being excluded or a certain state of being denied.

그것, 말고 다른 책은 없어요?

더도 덜도 말고 한가위만 하여라.

⑦ When used after the verb or adjective ending '-고', in the form of '말고' or after '-다' in the form of '마다', that what the sentence says is quite natural and should happen or be true.

한턱 낼꺼지? 그렇고 말고.

⑧ When used after the verb or adjective ending '-자', in the form of '마자', it means that as soon as one event or activity is over, another will soon begin.

식사를 마치자 마자 출발하였다.

⑨ When used in a composition where two behaviors or circumstances are listed such as '-거나 -거나', '-든 -든', or '-든지 -든지', if it is used with the latter component, it makes the latter part mean the opposite of the former part.

비가 오든지 말든지 우리는 떠나겠습니다

▨ 연습문제 Exercises

1. 다음을 읽으세요.

(1) 지금 갈게요.

(2) 먹어 버릴 걸 그랬어요.

(3) 제가 할 걸 주세요.

2. 본문을 읽고 다음 물음에 답하세요.

(1) 꼬마가 거짓말을 하고 있는 이유는 무엇입니까?

(2) 직원이 잘못 생각하고 있는 것은 무엇입니까?

(3) 승객이 다녀 오는 나라는 어디입니까?

(4) 세금을 내지 않고 가지고 올 수 있는 술의 양은 얼마만큼입니까?

(5) 세금을 내지 않고 가지고 올 수 있는 담배의 양은 얼마만큼입니까?

3. '-대요'와 주어진 단어를 사용하여 물음에 답하세요.

(1) 그는 어제 무엇을 했다고 해요?(남이섬에 놀러 가다)

(2) 방학때 윌슨 씨는 어디로 간다고 해요?(제주도)

(3) 아영이가 언제 온다고 해요? (내일)

(4) 윌슨 씨가 무엇을 좋아한다고 해요?(커피)

(5) 생일선물로 재민이가 무엇을 샀다고 해요?(장미 22송이)

4. 보기와 같이 고치세요.

[보기] 뭐라고 해요? → 뭐래요?

(1) 내일은 영하 7도라고 해요.

(2) 그 분은 윌슨 씨라고 해요.

(3) 이 곳이 처음이라고 해요.

(4) 그 말이 농담이라고 해요.

5. '-기로 하다'와 주어진 어구를 이용하여 대답을 하세요.

(1) 언제 그와 만나요?(1시)

(2) 어디서 학생들이 모여요?(학교 앞)

(3) 먹을 것으로 무엇을 가져 갈까요?(김밥)

(4) 언제 시험을 볼까요?(다음주 화요일)

(5) 어디서 기다릴까요?(매점)

(6) 어떻게 가지요?(고속버스)

돌하루방

퉁방울 눈에 주먹코, 깊게 팬 이마의 주름, 한일자로 입을 다문 모양이 자못 근엄하면서도 인심좋은 할아버지다. 한쪽 어깨가 아래로 쳐져 좀 허약해 보이기도 하지만 두둑한 배에 두 손을 얹고 벙거지를 덮어 쓴 모양은 배포 크고 태평스러워 보이기도 한다. 이것은 제주도의 상징 돌하루방의 모습이다.

돌하루방은 할방(할머니), 아방(아버지), 어망(어머니) 같은 토속어처럼 돌로 만든 할아버지 상을 일컫는 말이다. 확실하지는 않지만 돌하루방이 만들어지기 시작한 것은 조선조 때로 거슬러 올라간다.

하루방 석상은 제주의 흔한 현무암과 물 위에 뜨는 부석으로 만든다. 구멍이 많아 다공석으로도 불리는 현무암은 검정색 또는 쥐색이지만 부석은 검붉은 빛깔이어서 또다른 색감을 느끼게 한다.

주로 성지 입구에 나란히 서 있어 외국의 침입을 막기 위한 일종의 수호신으로 믿어져 온 이 석상이 요즘은 제주 특유의 민예품으로 인기를 모으고 있다. 요즘에는 돌하루방을 작게 만들어 기념품으로 판매하기도 하고 열쇠고리 등에 붙이기도 한다.

제주도로 신혼 여행을 가는 사람들은 아들을 낳는다는 말을 믿고 돌하루방 코를 만지거나 그 앞에서 기념 사진을 찍기도 한다.

퉁방울 brass bell
한일자로 입을 다물다 close one's lips firmly
근엄하다 to be serious
두둑하다 to be thick
배포가 크다 to be magnanimous
상징 a symbol
석상 a stone image
부석 a floatstone
성 a castle grounds
판매 sale ; selling
신혼여행 a honeymoon

주먹코 a snob nose
자못 greatly
허약하다 to be weak
벙거지 a hat
태평하다 to be peaceful
토속어 (local) dialect
현무암 whinstone
다공석 porous stone
민예품 folk artucle goods
열쇠고리 a key ring
기념사진 souvenir photograph

제 19 과   소화물보관소

❀ 어휘   Vocabulary

경찰관	policeman	싶다	to want to
달다	to weigh	쓰다	to write
대구	Taegu(city)	요구하다	to ask for
배달하다	to deliver	운전면허증	driver's license
부피	bulk	종류	kind, sort
성명	name	주민등록번호	citizen's id. number
성함	name(hon.)	주소	address
소화물보관소	parcel custody area	쪽지	scrap of paper

☎ 발음   Pronunciation

소화물   보관소

부치려면   없는데[엄는데]

-112-

경찰관 : 물건을 찾으러 왔는데요.

직　　원 : 언제, 어디서 보낸 것이지요?

경찰관 : 어제 오후에 대구에서 보냈습니다.

직　　원 : 찾으실 분 성함은요?

경찰관 : 김기범입니다.

직　　원 : 이 쪽지에 주민등록번호하고 이름을 써 주세요.

경찰관 : 여기 있습니다.

직　　원 : 운전면허증 좀 보여 주시겠습니까?

경찰관 : 네? 그러죠.

직원친구 : 운전면허증은 왜 보여 달라고 한 거야?

직　　　원 : 경찰관을 보면, 한 번 운전면허증을 보여 달라고 요
　　　　　 구하고 싶었거든.

* * * * * * * * *

손님 : 물건을 부치려면 어떻게 해야 합니까?

직원 : 무슨 물건이지요?

손님 : 책 종류인데요.

직원 : 어디로 보내실 건가요?

손님 : 부산이요.

직원 : 무게와 부피는 얼마나 됩니까?

손님 : 글쎄요?

직원 : 받을 사람 주소와 성명은 잘 쓰셨겠지요?
　　　 보내실 물건을 이리 주세요. 무게를 달아 봐야겠어요.

손님 : 여기 있습니다.

직원 : 어디, 12,000원입니다.

손님 : 그래요? 어떻게 하나?
　　　 저-, 아저씨 지금 10,000원밖에 없는데, 우선 10,000원 어
　　　 치까지만 배달해 주시겠어요? 10,000원이면 대구 정도까
　　　 지는 갈 수 있겠지요?

직원 : ???

☞ 문법 Grammar

1. -으러 : The suffix -(으)러 is attached to the stem of action verbs and is always followed by either 가다 or 오다 or their compounds. It expresses the purpose of the action. The phrase or clause with -(으)러 always precedes the main clause. -러 is used after verb stems ending in a vowel ; -으러 after verb stems ending in a consonant.

식빵을 사러 갔다가 가끔 샌드위치를 먹어 봤어요.
학교에 가다가 비가 와서 우산을 가지러 왔습니다.
지금 일하러 가는 길입니다.
내일 서울 대공원에 놀러 갑시다.
심심한데, 영화나 보러 갈까요?
예습이나 해 놓고 놀러 나가세요.

2. -(으)면 : The conditional form -(으)면 corresponds to the English *if*, but it is never equivalent to *whenever*. It regularly refers to a single instance. It may be used with any verb and any form. The subject of the *if*-clause, *if* different from that of the main clause, always takes the particle -이/-가. If both subjects are the same, the particle added to the subject of the *if*-clause is -은/-는.

일이 잘 됐으면 좋겠어요.
거리에 나가면 다방이라는 간판을 볼 수 있다.
약속에 늦지 않으려면 아무래도 택시를 타야 할 겁니다.
이왕이면 즐겁게 사세요.
그의 말에 따르면 아영 씨가 지금 여기로 온다고 합니다.
50원을 거슬러 드리면 맞지요?
금의 시중가격대로 수수료를 내면 됩니다.
서울에 오면 연구실로 연락하겠다고 했거든요.
여기는 다른 곳에 비하면 물가가 싼 편이지요.
여기 있다가 윌슨 씨를 보면 제게 알려 주십시요.
호랑이도 제 말 하면 온다.

주다 : The meaning of '주다[give]' can be expressed as in the following examples.

① 어머니가 아기에게 과자를 주었다.
② 아영이가 나무에 물을 주었다.
③ 심판이 체조선수에게 10점을 주었다.
④ 악수를 하는 손에 힘을 주었다.
⑤ 선생님이 학생에게 숙제를 주었다.
⑥ 저에게도 생각할 여유를 주십시오.
⑦ 형이 동생에게 주의를 주었다.
⑧ 음악이 나에게 위안을 주었습니다.
⑨ 그는 남에게 마음을 주지 않는다.
⑩ 선생님이 문제 학생에게 눈을 주었다.

Different forms can be chosen depending on whom you are talking with, but as a command ot the listener the forms used are '주어라', '주어(줘)', '주세요', and '주십시오'. However, when a respected person talks to people far below him and wants to be affectionate and intimate, he or she usually will not request things with '주어라' or '주어(줘)' but instead will generally say '다오'. In addition, in the case where one is including the meaning of a request in a quotation, indirect quotations can not use '주다'. And also when the subject of the request is abstract and not being taled to, '주다' can not be used.

친구가 자기에게 책을 달라고 하였다.
친구가 자기에게 책을 주라고 하였다.
자유가 아니면 죽음을 달라.
자유가 아니면 죽음을 주라.

'달다' : In measuring, weighing something can also be called '달다'. This historical usuage originated in the times when objects were first weighed on a large scale. However, when using a definite tool to find out length, weight, or volume, the word commonly used in all methods is '재다'.

1. 본문을 읽고 다음 물음에 답하세요.

   (1) 경찰관이 찾으려고 하는 물건은 언제 어디서 보낸 것입니까?
   (2) 직원이 운전면허증을 보여 달라고 한 까닭은 무엇일까요?
   (3) 손님이 부치려고 하는 물건은 무엇입니까?
   (4) 손님은 돈이 얼마나 모자랍니까?

2. 보기와 같이 고치세요.

   [보기] 일을 하다, 쉬다 → 일을 하다가 쉬러 갔어요.

   (1) 집에 있다, 선생님을 만나다
   (2) 기다리다, 전화를 걸다
   (3) 음식을 만들다, 문을 열다
   (4) 밥을 먹다, 전화를 받다

3. '-ㄹ 정도'를 사용하여 보기와 같이 답하시오.

   [보기] 얼마나 바쁘세요? (밥 먹을 시간이 없다)
   → 밥 먹을 시간이 없을 정도예요.

   (1) 식욕이 없어요? (세 끼나 굶었다)
   (2) 그 영화가 재미있어요? (세 번이나 봤다)
   (3) 요즘 힘들어요? (살이 3 kg이나 빠졌다)

4. 보기에서 알맞은 단어를 골라 괄호를 채우세요.
   [보기] 대로, 뿐, 데, 것, 후, 동안 , 짜리, 어치
   (1) 잘 (   )가 없어요.
   (2) 생활은 그런 일이 있은 (   ) 잘 되고 있어요.
   (3) 그를 보는 (   ) 제게 연락하세요.
   (4) 마실 (   ) 좀 주세요.
   (5) 전화를 하려는데 10원 (   ) 동전이 없었어요.

남 대 문

(외국 관광객들이 버스로 서울 시내를 관광하고 있다.)

안 내 원: 여러분, 왼쪽에 보이는 것이 숭례문입니다.

관광객1: 안내서엔 남대문인데요.

안 내 원: 원래 이름은 숭례문입니다.
4대문 중에 남쪽에 있어서 남대문이라고도 합니다.

관광객2: 4대문요?

안 내 원: 동서남북에 서울을 지키는 대문이 4개 있었습니다. 그 중 남쪽
에 있는 남대문이 정문이 되었죠. 한국 건축의 특징이 잘 나타
나 있습니다.

관광객3: 남대문은 언제 건축되었나요?

안 내 원: 조선 초니까 건축된 지 거의 600년이 됩니다. 그러나 그동안
여러 번 재건, 보수되었죠.

관광객2: 원형 그대로 보존된 건 아니군요.

안 내 원: 예, 그래도 4대문중 가장 보존이 잘 되어 국보랍니다. 옆에 남
대문 시장이 있어서 교통이 좀 복잡합니다. 어서 서두르죠. 다
음은 남산 타워입니다.

남대문 South Gate (SeungRyeMoon)	관광객 tourist
안내서 guide book	원래 originally
동서남북 east, west, south, north	정문 main gate
특징 characteristic	조선 초 early times of Chosun
재건 reconstruction	보수 repair
원형 archetype	보존 in safe keeping
국보 national treasure	

제 20 과   공원

❋ 어휘 Vocabulary

가져가다	to take something	사고나다	to occur an accident
격정	worry	선수	athlete
경치	scenery	세우다	to make stand
공원	park	시간가다	(time passes)
구경하다	to watch	실례하다	to do something improper
그만	just, that much	씨름	wrestling
급하다	to be urgent	어때?	How is it?
낯설다	to be unfamiliar	저쪽	that way, over there
다치다	to be hurt	조용하다	to be quiet
마라톤	marathon	줄	(to think) that
몸	body	차사고	auto accident
못	cannot	화장실	bathroom
벤치	bench		

☎ 발음 Pronunciation

없습니다[업쏨니다]   했잖아요[해짜나요]

남편 : 어때요? 경치도 좋고, 조용하고.
부인 : 네, 아주 좋군요. 저쪽에 있는 벤치에 가서 좀 앉았다가
　　　 갈까요?
남편 : 그럽시다.
　　　 여기 자리 있습니까?
낯선남자 : 아니오. 없습니다.
남편 : 그럼, 실례합니다.

행인 : 혹시 여기 있던 가방 못 보았습니까?
남편 : 가방이라니요?
행인 : 급히 화장실에 가느라고 가방을 여기다 두고 갔었는데
　　　 가방이 조금 커서요.
부인 : 누가 가지고 간 모양이지요?
행인 : 그게 걱정이 되어서 쪽지에다 씨름 선수의 가방이라고
　　　 써 두었었거든요.
남편 : 저기 있는 쪽지는 뭐지요?
행인 : 글쎄요. 뭐라구? 마라톤 선수가 가져갔다구?

****

선희 : 웬일이죠? 영민 씨. 공원에 세워 두고 40분 씩이나 늦게
　　　 오다니 5분만 더 있다가 가려고 했어요.
영민 : 어휴, 말도 마세요. 차사고가 나서 그만.
선희 : 언제요? 어디서요?
영민 : 지금 오는 길에요.
선희 : 뭐라구요? 몸은 괜찮아요? 다친 데는 없구요?
영민 : 왜요? 다치다니요? 제가요?
선희 : 차사고가 났다고 했잖아요?
영민 : 제 차가 아니고, 다른 차가요.
선희 : 네? 그런데 왜 이렇게 늦었죠?
영민 : 사고난 것을 구경하다가 시간 가는 줄을 몰랐죠, 뭐.

1. -ㄹ 줄 알다 : When the pattern -ㄹ(을) 줄 알다/ 모르다 is used with action verbs it expresses the idea of being able to. The particle -을 after -줄 is optional. The pattern -ㄹ(을) 수 있다/ 없다 indicates the possibility/ impossibility of the action expressed by the verb, whereas the pattern -ㄹ(을)줄 알다/모르다 indicates the understanding/ lack of understanding of the method or principle.

한국말은 제주도말까지 할 줄 압니다.
당신이 그럴 줄 이미 알았어요.
재미 있는 얘기에 정신이 팔려 시간 가는 줄도 몰랐어요.
교통이 복잡하다고는 하지만, 이렇게까지 심할 줄을 몰랐어요.

2. -느라고 : The pattern -느라고 is used only with action verbs and indicates cause or reason (the excuse or explanation of one's action). This pattern -느라고 is used to indicate two actions (of the dependant clause and the main clause) by a single person. The English equivalent of this pattern is because of doing, what with doing, or as a result of doing, etc.

점심을 먹느라고 늦었어요.
친구를 만나느라고 늦게 왔습니다.
지금 시험공부를 하느라고 몹시 바쁩니다.

◐ 보충자료 Supplement

'다치다'와 '상하다' : Both words have a similiar meaning, but a detailed analysis reveals some differences. '다치다' is used when physical sock or action has made a part or all of a person's body unsound. It is only used with people, and the difference it has with '상하다' is that it can not be used with hurt other than physical. '상하다' means partially losing original form and function. It is used extensively with both people and things and both physical and chemical processes.

기계에 손가락이 다쳤습니다./기계에 손가락이 상했습니다.
비를 맞아 책이 상했다./비를 맞아 책이 다쳤다.

▨ 연습문제 Exercises

1. 다음을 읽으세요.

갔다, 갖다, 같다 ; 갔으니, 갖으니, 같으니

2. 본문을 읽고 다음 물음에 답하세요.

   (1) 행인이 잃어버린 것은 무엇입니까?
   (2) 행인이 가방에 씨름선수의 가방이라고 써 놓은 까닭은 무엇일
       까요?
   (3) 영민이 약속시간에 늦은 까닭은 무엇입니까?
   (4) 영민은 약속시간에 얼마나 늦었습니까?
   (5) 영민이 다치지 않고 올 수 있었던 이유는 무엇입니까?

3. 보기와 같이 고치세요.

   [보기] 자다, 전화를 못 받다 → 자느라고 전화를 못 받았어요.

   (1) 놀다, 약속을 잊다
   (2) 숙제를 하다, 늦게 자다
   (3) 일을 하다, 점심을 못 먹다
   (4) 책을 읽다, 시간이 가는 줄 모르다

4. 다음의 대답이 나오도록 보기와 같이 답하세요.

   [보기] 조금 전에 재민이가 그 밥을 먹고 있었어요.
    → 누가 먹던 밥이에요?

   (1) 어제 아영이가 그 책을 읽고 있었어요.
   (2) 정모가 그 컵을 썼어요.
   (3) 학생들이 그 책상에 앉았어요.
   (4) 친구들이 그 물을 마셨어요.

5. 보기에서 알맞은 어구를 골라 주어진 동사에 붙여서 괄호를 채우
세요.

[보기] -다가, -다니, -(으)러, -려고, -거나, -니까, -ㄹ수록, -면

(1) 나가다 : 밖에 (　　), 여기 조용히 계세요.
(2) 만나다 : (　　), 아영 씨가 좋아요.
(3) 하다 : 전화를 (　　) 했어요.
(4) 자다 : 잠을 (　　), 나쁜 꿈을 꿨어요.
(5) 맑다 : 날씨가 (　　) 우산을 두고 가세요.
(6) 들어오다 : 여기에 (　　) 안 돼요.
(7) 일하다 : 점심도 안 먹고 (　　), 정말 놀랍군요.

♬ 노래를 불러봅시다.　Let's sing a song

노　을

이동진 요
안호철 곡

보통 빠르기로

바 —람이머 물다간 들 판에　모 락모락피 어나는 저녁 연기

색 —동옷갈 아입은 가 을언덕에　빨갛게 노을이 타 고있어요

허수아비 팔 벌려 웃음짓고　초 가지붕 등 근박 꿈—꿀—때

고개숙인 논 밭의 열 매 노 랑게 익 어만가 는 —

가 을바람머 물다간 들 판에　모 락모락피 어나는 저 녁연기

색 —동옷갈 아입은 가 을언덕에　붉— 게물들어 타 는저녁놀

-122-

윷 놀 이

윷놀이는 정초에 어른이나 아이들이나 할 것 없이 누구나 즐기던 전통 놀이다. 15cm가량 되는 반원 모양의 4개의 막대기와 종이나 땅 위에 그린 말판, 그리고 4개의 말이 필요하다. 말은 돌이나 나무 조각, 콩 등을 사용한다.

이 놀이는 두 사람이 하거나 두 편으로 나누어 즐겼는데, 윷가락을 던져 나온 모양에 따라 말을 움직여 4개의 말이 상대편보다 빨리 원점으로 돌아오면 이기는 놀이이다. 말판은 20개의 점으로 된 원형이나 사각 모양 안에 십자가 모양의 점 9개가 말판을 가로지르는데 이 안쪽으로 도는 것이 지름길이다.

윷가락을 던져 높은 것이 나오는 사람이 먼저 하는데 모, 윷, 걸, 개, 도 순으로 높다. '모'란 모든 윷가락이 엎어져 둥근 면이 위로 오른 것인데, 5개의 점을 간다. '윷'은 모든 윷가락의 평평한 면이 위로 오는 것인데, 4개의 점을 간다. '걸'은 윷가락 3개의 평평한 면이 위로 오는 것인데, 3개의 점을 간다. '개'는 윷가락 2개의 평평한 면이 위로 오는 것인데, 2개의 점을 간다. '도'는 윷가락 1개의 평평한 면이 위로 오는 것인데, 1개의 점을 간다. '모'와 '윷'이 나오면 한 번 더 하는데 두 개의 말에 나누어 갈 수도 있다.

작전에 따라 두 세 마리의 말을 같이 움직이거나 상대방 말을 잡기도 한다. 상대방의 말을 잡으면 한 번 더 할 수 있는데 상대방은 뒤로 돌아가 다시 처음부터 시작해야 한다.

윷놀이는 집안이나 밖 어디서나 할 수 있는데 윷가락이 멀리 가지 않도록, 방안에서는 담요나 돗자리를, 집 밖에서는 가마니나 멍석을 깔고 한다.

정초에 early in January	멍석 a straw mat
말판 a game board	반원 a half-circle
콩 beans	말 a marker in yut
원점 the starting point	윷짝 the sticks used in playing yut
평평하다 to be flat	지름길 a short cut
담요 a blanket	가마니 a straw bag

제 21 과　병원

※ 어휘　Vocabulary

간호사	nurse	생명	life
관악구	(district name)	서울특별시	Seoul(official name)
그저께	the day before yesterday	숨	breath
기침	cough	숨소리	breath sound
나아지다	to get better	신림동	(area in Seoul)
담당	in charge	연락	contact
대	stroke	위급하다	to be urgent
맞다	to receive, get	의사	doctor
밤	night	주사	an injection
번지	street address	환자	patient
병원	hospital	휴	(sigh)

☏ 발음　Pronunciation

연락[열락]　　맞고[맏고, 마꼬]

신림동[실림동]　　담당

의사 : 어디 좀 볼까요? 숨을 크게 쉬어. 보세요.

환자 : 휴 ―.

의사 : 숨소리는 많이 좋아졌습니다. 기침은 많이 하셨나요?

환자 : 그저께 밤에는 아주 많이 하였습니다. 어제 밤에도 별로
　　　 나아지진 않았어요.

의사 : 네. 오늘도 주사를 한 대만 맞고 가시죠.

환자 : 네? 그러면 기침 안 했는데요.

＊＊＊＊＊＊＊＊＊

간호사 : 주소는 어떻게 되지요?

환　자 : 서울특별시 관악구 신림동 56번지입니다.

간호사 : 급한 일이 있으면 누구에게 연락을 해야 하지요?

환　자 : 네? 제 생명이 위급할 때 말입니까?

간호사 : 그렇죠. 누구에겐가 연락을 해야 할 때 말이죠.

환　자 : 글쎄요? 담당 의사선생님을 불러 주셨으면 좋겠는데
　　　　 요.

1. -았/었- : When the perfect tense suffix is reduplicated after the verb stem, the resultant ending constitutes the past-perfect tense.

> 다른 사람이 아직 오지 않았어요.
> 그 동안 좋은 일이 있었어요.
> 학교에 가다가 비가 와서 우산을 가지러 왔습니다.
> 우산을 안 가지고 학교에 갔다가 비를 잔뜩 맞았습니다.

2. -아/어 주다 ; -아/어 드리다 : This pattern is a combination of two verbs, a main verb and another one called the auxilliary verb 주다, 드리다. In structures like this the main verb is usually in the infinitive form, sometimes in the gerund form (verb stem + -고). The infinitive form of the verb is what remains after dropping the final particle -요 of the polite informal style (보여요, 가(아)요). This is one way. Another way to arrive at the infinitive form is by adding either of the vowels -아, -어 to the verb stem; -아 if the vowel of the preceding syllable is either -아- or -오-, otherwise 어. 하-, the stem of the verb 하다 does, takes -여. The infinitive is used in a great many patterns. The name infinitive is not very indicative. It has little to do with the infinitive of European languages.

   In the pattern we are presently studying the auxiliary verb 주다 signals that the action of the main verb is requested in favor of the speaker and it can be roughly translated with the English please. The auxiliary verb 드리다 signals that the action of the main verb is being done in favor of the person spoken to or spoken about: for you, for him, for them. Some auxiliary verbs occur as independent verbs as well, in which case their meaning is slightly different. 주다 gives 드리다 gives to someone honored.

> 약국은 약을 팔거나 지어 주는 곳입니다.
> 화분에 물을 부어 주세요.
> 아무 분이나 여기로 와 주세요.

그가 집에 도착하거든 선생님께 전화로 알려 드리세요.
짜장면 한 그릇을 배달해 달라고 했어요.

▨ 연습문제　Exercises

1. 다음을 읽으세요.

　(1) 연락, 신라, 인류, 전라도 ; 칼날
　(2) 생명, 담당 ; 불평, 불편

2. 본문을 읽고 다음 물음에 답하세요.

　(1) 환자가 걸린 병은 무엇입니까?
　(2) 환자는 왜 기침을 하지 않았다고 했을까요?
　(3) 환자의 주소는 어디입니까?
　(4) 간호사가 묻고 있는 연락할 곳은 어디를 뜻합니까?
　(5) 환자가 오해하고 있는 것은 무엇입니까?

3. 다음 물음에 답하세요.

　(1) 오늘은 1990년 3월 10일입니다. 모레는 며칠입니까?
　(2) 어제는 화요일이었습니다. 내일은 무슨 요일입니까?
　(3) 모레는 4월 1일입니다. 오늘은 몇월 며칠입니까?
　(4) 지금 1학년입니다. 내후년에는 몇 학년이 됩니까?

4. 관련있는 단어끼리 연결하세요.

　(1) 배　　　　　　　　　(ㄱ) 나다
　(2) 감기　　　　　　　　(ㄴ) 안 되다
　(3) 소화　　　　　　　　(ㄷ) 아프다
　(4) 배탈　　　　　　　　(ㄹ) 걸리다

5. 다음의 병원은 어디가 아플 때에 가는지 알아 보세요.

　(1) 내과　(2) 외과　(3) 치과　(4) 안과　(5) 이비인후과
　(6) 신경정신과　(7) 산부인과　(8) 소아과 (9) 정형외과

6. 다음 단어들을 이용하여 대화를 만드세요.

철수 : (지난, 일주일, 몹시, 아프다)
영희 : (어디, 아프다, ?)
철수 : (유행하다, 감기, 걸리다)
영희 : (지금, 괜찮다, ?)
철수 : (네, 많이, 낫다)
　　　 (그동안, 약, 먹다, 푹 쉬다)

♫ 노래를 불러봅시다. Let's sing a song

술래잡기

윤석중 요
손대업 곡

1. 꼭 꼭 숨 어 라 치 맛 자 락 뵐 라 꼼 짝 말 고 있 거 라
2. 꼭 꼭 숨 어 라 치 맛 자 락 뵐 라 꼼 짝 말 고 있 거 라

꼭 꼭 숨 어 라 머 리 카 락 뵐 라 꼼 짝 말 고 있 거 ─ 라
꼭 꼭 숨 어 라 머 리 카 락 뵐 라 꼼 짝 말 고 있 거 ─ 라

술 래 가 찾 아 다 닌 다 점 잖 게 뒷 짐 을 지 고
어 디 들 숨 어 있 는 지 바 둑 인 다 알 고 있 다

간 다 간 다 여 기 기 웃 저 기 기 웃 찾 아 다 닌 다
바 둑 이 가 술 래 뒤 를 딸 랑 딸 랑 따 라 다 닌 다

정월 대보름

한국 사람들은 쟁반같이 둥근 대보름달을 참 좋아한다. 달을 보고 소원도 빌고 조상님께 감사도 드린다. 사람들은 정월 대보름날 일찍 일어나서 부럼을 깨문다. 밤, 호두, 잣 같은 것을 먹으면 일년내내 부스럼이 나지 않고 건강해지며 이도 튼튼해진다고 한다.

또한 이 날 아침에는 미리 전날 만들어 놓은 오곡밥과 아홉 가지 나물을 먹는다. 이런 음식을 먹는 것은 상당히 과학적인 것으로 한국 사람들의 지혜가 담겨 있는 풍속이라고 할 수 있다. 이런 방법으로 겨울철에 부족해지기 쉬운 비타민, 지방 등 갖가지 영양소를 슬기롭게 보충했던 것이다. 또 밥을 먹기 전에 '귀밝기 술'이라고 하여 찬 술을 한 잔씩 마신다. 그러면 정신이 나고 귓병이 생기지 않고 귀가 더 밝아진다고 한다.

이른 아침에 누구든지 불러서 대답을 하면 '내 더위 사세요' 하고 더위를 판다. 그렇게 하면 여름 내내 더위를 먹지 않고 지내게 된다고 한다.

저녁이 되면 횃불을 켜들고 높은 곳이나 들에 나가 달맞이를 한다. 보름달이 환하게 떠오르면 자기의 소원과 그 해의 풍년을 비는 풍속이 있다.

쟁반 a tray
부스럼 a boil
영양소 nutritive substance
보충하다 to fill up
달맞이 viewing(enjoying) to moon

대보름 he 15th of January
오곡밥 dish made with all five grains
슬기롭다 to ve wise
횃불 a (pine) torth
풍년 a year of abundance

제 22 과   동물원

✿ 어휘   Vocabulary

구별	distinction	여러	several
놓치다	to miss	우리	cage, (pig)pen
늠름하다	to be dashing/manly	원숭이	monkey
다투다	to fight, quarrel	음식물	food
대	(vehicle, machine counter)	인간	mankind
대체	on earth	인류	human kind
동물	animal	조상	ancestor
동물원	zoo	쪽	direction
버스	bus	판매원	sales person
사랑하다	to love	표	ticket
야	Hey	호랑이	tiger

☎ 발음   Pronunciation

놓쳤거든[노쳐꺼든]　　　　　　늠름한데[늠늠한데]

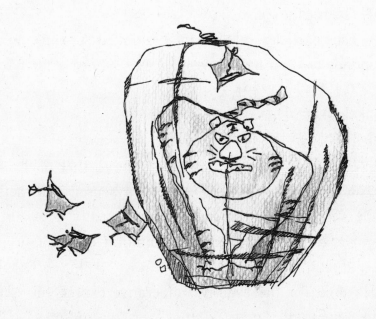

문영 : 대체 어떻게 된 거야? 늦지 말라고 했잖아.

진수 : 아, 미안해. 버스를 놓쳤어.

문영 : 뭐라구, 버스는 5분마다 한대씩 다니고, 너는 30분이나 늦었는걸.

진수 : 여러 대를 놓쳤거든.

문영 : 늦으려고 일부러?

진수 : 자, 다투지 말고 어서 들어가자.

선영 : 그래, 미안하다고 했지 않니?

진수 : 표는 내가 살게. 여자 둘, 남자 셋. 모두 얼마지요?

판매원 : 뭐라구요? 남녀 구별은 없는데요.

* * * * * * * * *

선영 : 야. 저기 호랑이 좀 봐라. 아주 늠름한데.

문영 : 그러게 말야. 이제 원숭이 우리 쪽으로 가 볼까?

선영 : 우리 인류의 조상이 원숭이래.

진수 : 그래? 저기 있는 원숭이는 언제 인간이 되지?

선영 : 저기 뭐라고 쓰여 있네.

문영 : 동물에게 음식물을 주지 마시오.

선영 : 동물을 사랑하지 말라는 말인가?

☞ 문법 Grammar

1. -마다 The particle -마다 can be added to any nominal. It corresponds to the English every

식후 30 분마다 드셔야 합니다.

3분마다 차가 다닙니다.

장마철에는 날마다 비가 옵니다.

해마다 10월이 되면 한글을 만드신 세종대왕이 생각납니다.

2. -지 말다 The pattern -지 말다 is always used with action verbs and the verb 있-(the imperative form usually does not go with descriptive verbs). It expresses prohibition or dissuasion. Variant forms "마세요", "마십시오", "말아요", "말자", or "말아주세요" are also used for the negative imperative expression. 말다 means literally "gives up", "quits", "stops", or "discontinues" (cf. 18과 문법 2)

잔디밭에 들어 가지 마세요.

오늘은 극장에 가지 말자.

현금에 손대지 말아라.

걱정마.

3. -고 Verb stem + -고 is the gerund form of the verb. It is used in a number of constructions of which we will presently study only one. The gerund as used in the examples below serves to link two claused with the meaning and. Remember the gerund merely links the two clauses; it does not show any specific relation between them. The subjects of the two clauses can be either the same or different. Any verb can be given its gerund form

택시를 타고 가는 편이 좋습니다.

지금 집에 가고 싶어요.

그냥 마시고 있었어요.

우산을 안 가지고 학교에 갔다가 비를 잔뜩 맞았습니다.

매일 아침 커피를 마시고, 학교로 갑니다.

저런, 문을 안 걸고 그냥 왔어?

예습이나 해 놓고 놀러 나가세요.

며칠 전에 갔던 곳에 우산을 두고 온 것 같다.

상담에 응하고 있사오니, 많은 이용을 바랍니다.

▨ 연습문제   Exercises

1. 다음을 읽으세요.
   (1) 어떻게 ; 놓쳤어
   (2) 없는데요
   (3) 음식물

2. 본문을 읽고 다음 물음에 답하세요.
   (1) 늦게 온 사람은 누구입니까?
   (2) 왜 남자와 여자를 따로 이야기했을까요?
   (3) 원숭이에 대하여 진수가 잘못 생각하고 있는 것은 무엇입니까?
   (4) 동물에게 음식물을 주지 말라는 까닭은 무엇일까요?
   (5) 동물원에 가서 볼 수 있는 동물의 이름들을 말해 보세요.

3. 올바른 대화가 되도록 (가)와 (나)에서 관련있는 것끼리 연결하시오.
   〈가〉 (1) 어디 확인해 볼까요?
        (2) 저더러 늦지 말라고 했잖아요?
        (3) 이제 들어 갑시다.
        (4) 표를 주세요.
        (5) 잔디에 들어 가지 말라고 쓰여 있어요.
   〈나〉 (ㄱ) 그렇게 합시다.
        (ㄴ) 안 그럴게요.
        (ㄷ) 제가 그랬어요?
        (ㄹ) 네, 그러세요.
        (ㅁ) 여기 있어요.

4. 보기와 같이 고치시오.
   [보기] 지금 이 책을 읽어요. → 지금 이 책을 읽으려고 해요.
   (1) 요새 이 일을 해요.
   (2) 그 식당에 자주 가요.
   (3) 요새 이 옷을 입어요.
   (4) 그 분을 좋아해요.
   (5) 그 사람은 여기 자주 와요.

5. 다음의 장소에 대하여 보기와 같이 설명하시오.
   [보기] 제과점 → 제과점은 빵과 음료수를 파는 곳입니다.
   (1) 우체국   (2) 동물원   (3) 다방
   (4) 식물원   (5) 약국   (6) 복덕방

♬ 노래를 불러봅시다. Let's sing a song

앞 으 로

윤석중 요
이수인 곡

힘차게

앞으로 (앞으로) 앞으로 (앞으로) 앞으로앞으-로

지구는둥-그-니까 자꾸걸어나-가-면

온세상어-린-이를 다만나고오-겠-네

온세상 어린이가- 하하하하웃-으-면

그 소리들리겠-네 달나라-까-지

앞으로 앞으로 앞으로앞으-로

수 수 께 끼

＊나는 무엇일까요?

1. 나는 길가에 빨간 옷을 입고 서서 하루종일 종이만 받아 먹고 살아
   요. 비가 오나 눈이 오나 한결같이 그 자리에 서 있지요. 또 나는 남
   의 비밀을 몸 속에 간직하고 서 있어요. 나는 누구일까요?

2. 나는 낮이나 밤이나 검은 옷을 입고 다녀요. 남들이 따라오지 말라고
   해도 자꾸 따라가지요. 나는 요술쟁이처럼 키가 변하지요. 나는 해가
   높이 뜨면 키가 작아지고 해가 질 때는 키가 커진답니다. 그리고 나
   는 비가 와도 물에 젖지도 않고 불이 나도 불에 타지도 않는답니다.
   나는 무엇일까요?

3. 나는 쌍둥이에요. 나와 내 동생은 함께 있어야 일을 할 수가 있어요.
   혼자서는 아무 일도 할 수 없지요. 그리고 우린 밥을 먹을 때마다 서
   로 키재기를 하며 발을 둥둥 구르지요. 우리는 누구일까요?

4. 빨간 주머니 속에 노란 돈이 가득 있는 것은 무엇일까요? 그리고 녹
   색 주머니 속에 은돈이 가득 들어 있는 것은 무엇일까요?

5. 나는 많이 먹을수록 늘어나요. 많이 먹으면 죽게 되지만, 먹지 않을 수
   없어요. 먹기 싫어도 어쩔 수 없이 먹게 되거든요. 나는 무엇일까요?

길가 the roadside	하루종일 all day
한결같이 constantly	비밀 secret
간직하다 store awy	요술장이 a magician
쌍둥이 twins	동동 jumping up and down
구르다 stomp one's feet	주머니 pouch
은돈 silver coins	어쩔 수 없다 can not be helped

제 23 과   영화관

✿ 어휘   Vocabulary

걸리다	to take(time)	어렵다	to be difficult
관객	audience	영화관	movie theater
꽤	very	예매하다	to buy in advance
끼다	to wedge in	잡다	to grap, catch
나가다	to go out	저리	that way
댁	you	줄	line
발	foot	중간	middle
밟다	to step on	타인	stranger
서다	to stand	틈	spare time, a chance
서두르다	to hurry	프로	pro(gram)

☎ 발음

영화관   꽤

밟지[밥찌]   밟았죠[발바쪼]

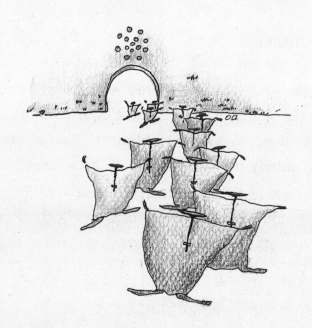

남편 : 여보, 서둘러요. 늦겠어요.
부인 : 지금 몇 시인데요?
남편 : 네 시 반이오.
부인 : 그럼 충분한데요, 뭘.
남편 : 자, 갑시다. 택시 잡고, 표 사고 하려면 시간이 꽤 걸릴
      걸.
부인 : 아니, 예매하지 않으셨어요?
남편 : 예매할 틈이 있었어야지.
부인 : 그럼, 여섯 시 프로는 보기 어렵겠는데요.
- - - - - -
부인 : 어휴, 웬 사람이 이렇게 많죠?
남편 : 역시 노는 날에는 사람이 많군. 저리 가서 줄을 섭시다.
타인 : 아니, 여보세요. 왜 중간에 끼어 서려고 하는 겁니까?
남편 : 아, 그렇습니까? 미안합니다.

* * * * * * * * *

남편 : 조금 전에 누가 나가면서 댁의 발을 밟지 않던가요?
관객 : (사과를 기대하는 표정) 네, 당신이 밟았죠.
남편 : 그렇지. 찾았다. 여보, 여기가 우리 줄이야.

-137-

☞ 문법　Grammar

1. -ㄹ걸 : The pattern -ㄹ(을)걸 is attached directly to the stem of action verbs. The sentence ending with the pattern -ㄹ(을)걸 is an unfinished sentence. The English equivalent of this pattern is should have done so-and-so(but didn't). See the examples, below noting particularly the unsaid parts of the sentence in parentheses. The pattern -ㄹ(을) 걸 is a contraction of -ㄹ(을) 것을. In rapid speech, the contracted form is used. -ㄹ 걸 after verb stems ending in a vowel ; -을 걸 after verb stems ending in a consonant.

　　어제 다 먹어 치울 걸(그랬어요.)
　　미리 전화를 걸 걸(잘못했어요.)
　　부모님의 말씀을 잘 들을 걸(그랬어요.)
　　선생님과 미리 이 일에 대하여 의논할 걸(그랬습니다.)

◐ 보충자료　Supplement

'틈' : The basic meaning is the space that appears between two objects or on a certain part of an object. When used concerning time, it means the time that can be used as a chance for doing something. When usd in relationships between people, it means a widening relationship. It has some similarity with the word '사이[the distance between two points]' when it is used as a time word, but '사이' does not always mean that someone has a chance to do something. In addition, when '사이' and '틈' are used in the relationships between people, the difference is that '사이' includes the meaning of "each other".

　　나무들 틈으로 집이 보인다./ 나무들 사이로 집이 보인다.
　　틈을 내서 친구들을 만났다./ 사이를 내서 친구들은 만났다.

The pronunciation of '밟다' : When '밟다' is in front of a word ending starting with a consonant, it may be pronounced either [발-] or [밥]. The younger the person, the more likely the pronunciation is to be [발], and the older the person, the more likely it is to be [밥-]. The standard pronunciation is recognized as [밥-].

-138-

▨ 연습문제 Exercises

1. 다음을 읽으세요.

   (1) 쉽다 - 쉬다, 쉬워요 - 쉬어요, 쉬웠어요 - 쉬었어요
   (2) 끼어 - 기어, 까지 - 가지, 깨 - 개, 꼬이다 - 고이다
   (3) 밟지, 밟았죠

2. 본문을 읽고 다음 물음에 답하세요.

   (1) 남편은 왜 서둘러 가자고 했습니까?
   (2) 왜 예매를 하지 못했습니까?
   (3) 영화관 앞에 사람들이 많은 이유는 무엇입니까?
   (4) 줄을 서 있는 중간에 슬쩍 끼어 서는 것을 무엇이라고 합니까?
   (5) 남편이 발을 밟은 까닭은 무엇입니까?

3. 다음을 보기와 같이 고치세요.

   [보기] 숙제를 하다. 어렵다. → 숙제를 하기 어려워요.

   (1) 택시를 잡다, 힘들다
   (2) 안내방송을 알아듣다, 쉽다
   (3) 일요일에 공부하다, 싫다
   (4) 아파트에서 살다, 편하다
   (5) 약속 장소를 찾다, 힘들다
   (6) 시간을 내다, 어렵다

4. 주어진 단어를 사용하여 괄호를 채우세요.

   (1) 먹다 : 배가 고파요. (   ) 것 좀 주세요.
   (2) 마시다 : 목이 마르군요. (   ) 물 좀 주세요.
   (3) 얘기하다 : 잠깐 시간을 내 주세요. (   ) 것이 있어요.
   (4) 오다 : 그만 기다립시다. 더 (   ) 사람은 없을 거에요.
   (5) 읽다 : 기다리는 동안 (   ) 책을 주셨으면 좋겠어요.

5. 다음 보기와 같이 문장을 만드세요.

[보기] 기차로 부산까지 가다, 5시간 반, 걸리다
→ 기차로 부산까지 가려면 5시간 반이 걸립니다.

(1) 집에 가다, 10분, 걸리다
(2) 보트를 빌리다, 시간당 2,000원, 들다
(3) 책을 사다, 12,000원, 들다
(4) 한달 동안 살다, 20만원, 들다

♫노래를 불러봅시다. Let's sing a song

달아 달아 밝은 달아

-140-

외 식

10월 20일 일요일 맑음

오늘은 엄마의 생신이었다. 우리 가족은 저녁 식사를 나가서 하기로 했다. 집에서 파티를 하면 역시 엄마가 음식 준비를 하셔야 하기 때문이다. 온 가족이 같이 외식을 하는 건 오래간만이다. 엄마는 나와 준혁이에게 식당을 정하라고 하셨다. 우리는 집 근처에 새로 생긴 가족 레스토랑으로 정했다. 생일날 가면 사진도 찍어 주고, 생일 케이크도 공짜로 주기 때문에 엄마도 좋아하실 것 같았다. 그런데 그건 우리 생각이었다. 사람이 너무 많아서 대기자 명단에 이름을 써 놓고 밖에서 기다려야 했다. 게다가 차림표를 보신 아빠께서 양식보다는 엄마가 좋아하는 갈비나 불고기 같은 한식이 어떻겠냐고 하셨다. 좀 섭섭했지만 할 수 없었다. 곧 준혁이 생일이니까 이 집은 그때 다시 오기로 했다.

요즘에는 외식을 하는 사람들이 참 많은 것 같다. 얼마 전 신문에도 전체 식료품비 가운데 외식비가 96년 말에는 30%였는데 앞으로 더욱 늘어날 거라는 기사가 있었다. 한 달에 1백만원을 쓴다면 그 중 약 9만6천원을 외식비로 쓴다는 통계도 있었다. 또 한 가지 흥미로운 것은 외식 장소를 정할 때 제일 발언권이 센 사람은 어머니라는 기사였다.

가족이 함께 하는 외식은 언제나 즐겁다. 그러나 지나친 외식으로 우리의 식생활과 입맛이 변하지 않을까 걱정도 된다.

생신 birthday(hon.)
온 all
공짜 free of change
게다가 besides
섭섭하다 to ve sorry for
기사 article
흥미롭다 to be interested
외식 going out eat

역시 without exception
정하다 to choose
대기자 명단 waiting list
차림표 menu
식료품비 food expenses
통계 statistics
발언권 right to free speech
식생활 eating life style

제 24 과   박물관

❀ 어휘   Vocabulary

강하다	to be strong	손대다	to touch
걱정	worry	신품	new product
공휴일	public holiday	아프다	to hurt, be sick
굉장하다	to be awesome	역사	history
구경가다	to go to watch	우리나라	our country (Korea)
년	year	유물	relic
다루다	to handle, deal with	전시되다	to be displayed
다리	leg	조심하다	to be careful
담배	cigarette, tobacco	튼튼하다	to be strong, sturdy
당장	right now	퍽	very
문화인	cultured person	평일	normal day
박물관	museum	피우다	to smoke
버리다	to throw away	호기심	curiosity
사진	photograph	휴지	tissue
삼국시대	Three Kingdoms Period(See note.)		

☎ 발음   Pronunciation

박물관	굉장하군
퍽	튼튼한

선희 : 언제 우리 박물관에 구경갈까?

윌슨 : 좋지. 지금 당장은 어때?

선희 : 오늘?

윌슨 : 왜? 오늘은 바빠?

선희 : 오늘보다는 내일이 좋을 것 같아. 공휴일에는 사람들이
　　　평일보다 많거든.

＊＊＊＊＊＊＊＊＊

윌슨 : 야. 굉장하군. 이게 몇년 전의 유물이지?

선희 : 지금으로부터 1,501년 전이야.

윌슨 : 어떻게 그렇게 정확히 알아?

선희 : 작년에 왔을 때 1,500년 전 물건이라고 했거든.

윌슨 : 그 때에도 나라가 있었나?

선희 : 그럼, 삼국시대였어.

윌슨 : 우리나라보다 역사가 퍽 오래구나.

선희 : 잠깐만 쉬었다가 가자.

윌슨 : 왜, 벌써 다리가 아프니?

선희 : 응, 너는 나보다 훨씬 튼튼한 것 같구나.

윌슨 : 튼튼하다기보다는 호기심이 강한 것이겠지.

선희 : 전시된 물건에 손대는 것은 문화인이 아니야. 조심해. 그
　　　물건은 1,000년이나 된 거야.

윌슨 : 걱정마. 아주 신품처럼 다룰테니까..

선희 : 어휴, 사진도 찍어서는 안 된다고 했어.
　　　물론 담배를 피우거나, 휴지를 아무 데나 버려서도 안
　　　되지.

윌슨 : 알았어, 알았다구. 그런 것은 너보다 내가 더 잘 안다니
　　　까.

☞ 문법 Grammar

1. -다기보다는: The particle -보다 "more than" added to a noun expresses a relation of comparison. The noun to which it is added may be preceded by any kind of noun modifier. 더- is sometimes added for more emphasis. The phrase ending with -보다 may occur either immediately before the predicate or before the subject of the main sentence.

커피를 특히 좋아한다기보다는 다른 것이 없어서 마시고 있습니다.

따뜻하다기보다는 더운 날씨입니다.

2. -ㄹ(을)테니(까): The non-final ending -ㄹ(을)테니 indicating the causal intention can be used only with action verbs. The subject is always the first person. The verb of the main clause is usually imperative or interrogative. This pattern -ㄹ(을)테니 in order situations (depending on the context) has the meaning of I think (suppose) that., so. Whereas the pattern -ㄹ(을)테니 indicating the causal intention, planning, or schedule, is used only with action verbs, -ㄹ(을)테니 indicating the causal supposition or anticipation may be used with any verb and the subject is usually the third person. -ㄹ테니 is used after verb stems ending in a vowel; -을테니 after verb stems ending in a consonant.

시장에 다녀 올테니 그동안 공부하고 있으렴.

누룽지는 내가 먹을테니 너는 밥을 먹어라.

내가 소설책을 볼테니 철수에게는 시집을 주자.

◑ 보충자료 Supplement

'아프다' and '앓다': The basic meaning is a throbbing physical pain on a person's body. It is also used when one gets sick. '앓다' indicates a phenomenon happening inside a living organism, but '아프다' can be sensual. In reality, one can be sick but not feel any pain at all. Therefore, '앓다' can also be used for psychological illness. One this point, when not feeling mentally well '앓다' can also pass for the word, '괴롭다[troubled]'.

어려운 수학문제로 머리를 앓는다.
어려운 수학문제로 머리가 아프다.
어제는 아파서 학교에도 가지 못하였습니다.
어제는 앓아서 학교에도 가지 못하였습니다.
지난 주 내내 감기를 앓았습니다.
지난 주 내내 감기가 아팠습니다.

▨ 연습문제   Exercises

1. 다음을 읽으세요.

(1) 몇 년, 몇 월, 몇 달, 며칠, 몇 날
(2) 있다가, 이따가
(3) 작년

2. 본문을 읽고 다음 물음에 답하세요.

(1) 선희와 윌슨이 간 곳은 어디입니까?
(2) 왜 내일 가자고 했습니까?
(3) 지금부터 1,500년 전에 있었던 나라들은 이름이 무엇입니까?
(4) 윌슨의 이야기 중에 재미있는 부분은 무엇입니까?
(5) 한국의 공휴일에는 어떠한 것들이 있습니까?

3. 다음 게시 내용의 뜻을 한국말로 설명해 보세요.

(1) 잡담금지
(2) 금연
(3) 손대지 마시오

4. 보기와 같이 고치세요.

[보기] 너무 늦게 오면 안 돼요.
  → 너무 늦게 와서는 안 돼요.

(1) 수업 시간에 졸면 안 돼요.

(2) 약속을 어기면 안 돼요.

(3) 편지 부치는 것을 잊으면 안 돼요.

(4) 여기서 사진을 찍으면 안 됩니다.

(5) 자는 아이를 깨우면 안 됩니다.

(6) 시험을 안 보면 안 됩니다.

5. 알맞은 단어를 보기에서 골라 괄호를 채우세요.

   [보기] 마침, 겨우, 모든, 아무리, 꽤, 잘, 여, 쯤, 잠시, 새로

   (1) 시간이 없어서 구경을 (   ) 10 분밖에 못 했어요.

   (2) 학교 가다가 친구를 만나서 (   ) 얘기를 했습니다.

   (3) 이 옷이 (   ) 마음에 드는군요.

   (4) 다방에 사람들이 10 (   ) 명 있어요.

   (5) 지난 달에 이 집을 (   ) 꾸몄습니다.

6. '꽤, 퍽, 아주, 매우, 훨씬, 조금, 거의, 전혀' 등을 이용하여 한국어 공부에 대하여 말해 봅시다.

   (1) 전보다 한국어 실력이 나아졌어요?

   (2) 한국어 공부가 재미있어요?

   (3) 가게에서 물건을 살 때 자연스럽게 말할 수 있어요?

   (4) 텔레비전 뉴스를 어느 정도 알아 들으세요?

   (5) 한국 친구와 얘기하는 데 불편하지 않아요?

   (6) 한국말로 전화거는 것은 어떠세요?

   (7) 고향에 한국말로 편지해 보셨어요?

판 소 리

판소리란 이야기를 노래로 부르는 형식으로 서양의 오페라와 비슷하다. 조선조 21대 영조시대 이후 형성된 판소리는 주로 입에서 입으로 전해 오는 설화들을 내용으로 삼고 있다. '판소리 열두마당'이라 해서 12편의 판소리가 있었으나, 현재까지 창으로 전해 오는 것은 춘향가, 심청가, 홍보가, 수궁가, 적벽가 등 5편뿐이다.

넓은 마당 같은 장소에서 사람들이 빙 둘러앉아 가운데의 빈 공간인 '판'이 만들어지면 판소리를 공연하는 무대가 된다. 광대(소리꾼)와 고수 (북 치는 사람)가 등장한다. 광대는 고수의 북장단에 맞춰 일정한 소리(창)를 하면서, 중간중간에 이야기(아니리)를 곁들이고, 몸짓(발림)도 하여 가면서 보통 두서너 시간씩 노래를 부른다. 관객들은 그냥 구경만 하는 것이 아니라 '추임새'라 하여 소리꾼이 소리를 할 때 "좋다", "잘한다", "얼쑤"같은 탄성을 함으로써 흥을 돋구어 준다.

춘향가는 전라도 남원 지방의 구전 설화를 바탕으로 한 판소리이다. 성춘향과 이몽룡을 주인공으로 한 만남과 이별, 고난과 그 보상으로 전개되는 사랑의 이야기이다. 이 춘향가 중의 한 대목인 '사랑가'를 감상해 보자.

여봐라 춘향아!
저리 가거라! 가는 태도를 보자.
이리 오너라! 오는 태도를 보자.
빵긋빵긋 웃어라! 웃는 태도를 보자.
아장아장 걸어라! 걷는 태도를 보자서라.
동정 칠백원무산 같이 높은 사랑,
여천 창해 같이 높은 사랑,
너와 나와 만난 사랑,
허물 없는 부부 사랑,
너는 죽어 무엇 되며
나는 죽어 무엇 되리,
생전 사랑 이러하면
사후기약 없을소냐.

제 25 과   치약

❀ 어휘   Vocabulary

가게	store	아무거나	anything
갈색	brown	아이들	children
검정색	black	어깨	shoulder
구식	old fashioned	어둠	darkness
권하다	to recommend	없애다	to get rid of
그래야	only that way	-에 따라	according to
그리	that much	왜냐하면	because
금방	just now	이(치아)	tooth
깨끗이	clean	이리듐	Iridium
내리다	to go down, put down	입내	(bad) breath
넓다	to be wide	재래식	old-fashioned
노란색	yellow	전기	eletricity
눈	snow	제발	please
다목적	multi-purpose	줄무늬	stripes
닦다	to polish; wipe	중형	medium size
단지	only	지속되다	to continue
대형	large	체크무늬	check patten
들어있다	be included	치약	toothpaste
마르다	to become thin	칫솔	toothbrush
마흔	40(in pure Korean)	칫솔용	(to be used)for
머리색깔	hair color		toothbrushes
밖	outside	크기	size
복잡하다	to be complex	특대형	extra-large
불소	fluoride	편	side
빛나다	to shine	하얗다	to be white
빨강색	red	함유되다	to be contained (in)
사모님	teacher's wife	해주다	to do something for
소금	salt		someone
소형	small size	효과	(good) effect
수동	manual ↔ 자동	흰색	white

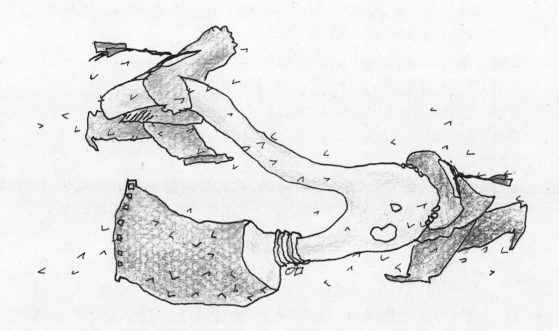

손님 : 치약을 사려고 합니다.

직원 : 손님께서 사용하실 치약인가요?

손님 : 나도 쓰고, 아내와 아이들도 사용할 겁니다.

직원 : 알겠습니다. 다목적 치약을 원하시는군요.

손님 : 아니오. 나는 단지 이를 닦는 데에만 사용하는 치약이면
　　　　돼요.

직원 : 우리 가게에는 다목적 치약이 마흔 다섯 가지가 있습니
　　　　다. 손님께서는 전기 칫솔을 사용하십니까, 아니면 구식
　　　　수동칫솔을 사용하십니까?

손님 : (얼굴을 붉히며) 구식 수동 칫솔이오.

직원 : (안됐다는 표정) 재래식 칫솔용 치약으로는 서른 두 가
　　　　지가 있어요.

손님 : 아무거나 하나 주시오.

직원 : 손님이 원하는 치약은 입내를 없애 주기도 하고 이를 깨
　　　　끗이 닦아 주기도 하는 이런 치약이겠지요.

손님 : 바로 그거요.

직원 : 이 치약에는 이리듐이 함유되어 있지 않은데요.

손님 : 그게 뭐요?

직원 : 이리듐은 이를 금방 내린 눈처럼 하얗게 해줄 뿐만 아니

라 12시간 효과가 지속되지요. 3m 밖의 어둠 속에서도 치아가 빛난답니다.

손님 : 좋아요. 이리듐이 들어 있는 것으로 하나 주시오.

직원 : 물론 불소가 들어 있는 것이겠지요?

손님 : 물론이오.

직원 : 줄무늬가 있는 것과 체크무늬가 있는 것 두 가지가 있는 데요.

　　　손님은 좀 마르신 편이니까 체크무늬를 권해 드립니다. 그래야 손님의 어깨가 조금이라도 넓어 보일테니까요.

손님 : 뭐든지 좋아요.

직원 : 그렇다면 흰색과 빨강색 체크무늬가 좋겠군요. 아, 참, 잊어선 안 되는 것이 있는데, 그것은 사모님께서도 이 치약을 사용하실 수 있다는 것입니다. 사모님의 머리색깔이 검정색입니까? 아니면 갈색입니까?

손님 : 갈색이오.

직원 : 그렇다면 노란색의 치약을 권하고 싶군요.

　　　손님, 크기에 따라 네 가지가 있는데요, 특대형, 대형, 중형, 소형이 있습니다.

손님 : 여행용 소형 치약을 주시오, 제발.

　　　내가 어렸을 때에는 소금으로도 이를 닦았었소. 뭐가 그리 복잡하오?

직원 : 손님께서 여행하시는 나라는 어디어디지요? 왜냐하면……
　　　…….

☎ 발음　Pronunciation

돼요　　　　　　　　　　빨강색

싫군요[십꾸뇨]　　　　복잡하오[복짜파오]

흰색

☞ 문법　Grammar

1. -다면 : The conditional form -(으)면 corresponds to the English if, but it is never equivalent to whenever. It regularly refers to a single instance. It may be used with any verb and any form. The subject of the if-clause, if different from that of the main clause, always takes the particle -이/-가. If both subjects are the same, the particle added to the subject of the if-clause is -은/-는. In Korean the dependent clause precedes the main clause, while in English the order can be either way.

　　정 그러시다면 윌슨 씨가 차를 사세요.
　　선생님께서 오신다면 제가 기다려야지요.
　　할 일이 남아 있으시다면 먼저 가겠습니다.

2. -뿐만 아니라 : The pattern -뿐만 아니라, …(-도)… is attached directly to nominals and -ㄹ(을) 뿐만 아니라, …(-도)… is attached directly to verb stems (-ㄹ 뿐만 아니라, …(-도)… after vowels ; -을 뿐만 아니라, …(-도)… after consonants.) This pattern -ㄹ(을) 뿐만 아니라… (-도)… may be used with any verb and brings out the idea that a certain fact, event, or occurrence is added to another. It corresponds to the English "not only…, but also…". As shown in the last two examples, the modifying marker preceding -뿐 is always -ㄹ, even in past tense sentences.

　　경주는 볼 것도 많을 뿐만 아니라 놀 데도 많습니다.
　　그 음식은 맛있을 뿐만 아니라, 영양가도 높습니다.
　　사모님께서 과일뿐만 아니라 차까지 주셨습니다.
　　그는 편지를 안 쓸 뿐만 아니라 전화도 안 겁니다.

▨ 연습문제　Exercises

1. 다음을 읽으세요.

　　(1) 원하시는군요, 빛난답니다　　(2) 가지, 까지

2. 본문을 읽고 다음 물음에 답하세요.

   (1) 손님이 사려고 하는 물건은 무엇입니까?
   (2) 손님이 사용하고 있는 칫솔은 어떠한 것입니까?
   (3) 이리듐이 좋은 점은 무엇입니까?
   (4) 손님 부인의 머리카락 색깔은 무슨 색입니까?
   (5) 손님이 그냥 나간 까닭은 무엇입니까?

3. 보기와 같이 고치세요.

   [보기] 비가 오다, 바람이 불다
   → 비가 올 뿐만 아니라 바람도 붑니다.

   (1) 정모는 공부를 잘 하다, 운동을 잘 한다
   (2) 아영이는 그림을 잘 그리다, 피아노를 잘 친다
   (3) 태영이는 정구를 잘 하다, 탁구를 잘 하다
   (4) 북한산은 경치가 좋다, 공기가 맑다
   (5) 물건 값이 싸다, 품질이 좋다
   (6) 이 음식은 맵다, 아주 짜다

4. 다음의 외래어들을 영어로 적어 보세요.

   (1) 텔레비젼   (4) 오디오
   (2) 로맨스   (5) 이어폰
   (3) 데이트

5. 보기에서 알맞은 단어를 골라 괄호를 채우세요.

   [보기] 그리고, 그래서, 그러나, 그러니까, 그러면, 그렇다면

   (1) 약국에 갔습니다. (   ) 약사가 없었습니다.
   (2) 곧 일이 끝납니다. (   ) 오분 후에 만납시다.
   (3) 배가 몹시 고팠다. (   ) 밥을 세 그릇이나 먹었다.
   (4) 아영이는 공부를 잘 한다. (   ) 노래도 잘 부른다.
   (5) 지금 과사무실로 가십시오. (   ) 선생님을 뵐 수 있을 겁니다.

광 고

우리는 광고의 홍수 속에 살고 있다. 신문이나, 잡지, 텔레비전 뿐만 아니라 거리의 대형 광고판, 애드벌룬 등의 광고들이 우리의 시선을 붙잡는다.

광고는 손님을 끌어서 구매력을 유발하기 위한 것이다. 상품이나 서비스에 관한 정보를 언어나 상징으로 소비자에게 알려 구매자를 확보하려는 의도적인 활동이다. 즉 광고는 흔히 어떤 제품을 팔기 위한 수단이라고 쉽게 말할 수 있다.

광고는 옷이나 가전 제품, 식품 등의 구체적인 상품 광고 뿐만이 아니라 기업의 이미지 광고나 공익 광고, 사원 채용 광고도 있다. 이런 광고를 보면 사회의 흐름, 의식 구조, 문화 등을 볼 수 있다.

〈광고1〉 "과자" 광고

손이 가요. 손이 가. 새우깡에 손이 가.
어른 손 아이 손. 자꾸만 손이 가.
언제든지 새우깡. 어디서나 맛있게
누구든지 즐겨요. 농심 새우깡

〈광고2〉 "세탁기" 광고

꽃이 피고 새가 우는 어느 날.
우린 서로 만나서 결혼했지. 통돌이.
아직까지 변함없는 우리 곁에. 통돌이.
통째로 돌려주고, 통째로 비벼주고,
통째로 흔들어 주는 통돌이.
LG 통돌이 세탁기. 통돌이로 깨끗.

〈광고3〉 "사원 채용" 광고

　　　구인(求人)
*삼일동안 밤을 새울 수 있는 사람
*삼일동안 놀 수 있는 사람
*노래방에서 서른 곡은 부를 수 있는 사람
*아버지 시계를 분해해 본 경험이 있는 사람
*삼개국어는 다 못해도 삼개국 이상을 배낭여행한 사람
*서울역에서 고속터미널까지 걸어가 본 사람
*비 오는 수요일에 빨간 장미를 사 본 사람
*차비를 몽땅 친구에게 주고, 자기는 걸어가는 사람
*학교를 가다 말고 무작정 여행을 떠나본 사람

　　이런 사람 대환영
　　　　　　　　　대우가족(大宇家族)

♫ 노래를 불러봅시다. Let's sing a song

애 국 가

안익태 작곡

Andante maetoso

1. 동 해 물과 백 두 산 이 마 르고닳 도 록
2. 남 산 위에 저 소 나 무 철 갑을두 른 듯
3. 가 을 하늘 공 활 한 데 높 고구름 없 이
4. 이 기 상과 이 맘 으 로 충 성을다 하 여

(and)
1. Un - til the East Sea's waves are dry, Paek-tu-san worn a - way.
2. Like that South Moun-tain ar-mored pine, stand-ing on du-ty still.
3. In au-tumn's arch-ing eve-ning sky. crys-tal, and cloud-less blue.
4. With such a will. (and) such a spi-rit, lo-yal-ty, heart and hand.

하 느 님 이 보 우―하 사 우 리 나라만 세
바 람 서 리 불 변―함 은 우 리 기상일 세
밝 은 달 은 우 리―마 음 일 편 단심일 세
괴 로 우 나 즐 거―우 나 나 라 사랑하 세

God watch o'er our land for - e - ver! Our Ko -re - a maan - sei!
Wind or frost, un - changing e - ver, be our re - so - lute will.
Be the ra - diant moon our spi - rit, stead-fast, sin-gle, and true.
Let us love, come grief, come glad-ness, this, our be -lov - ed land!

(Refrain)

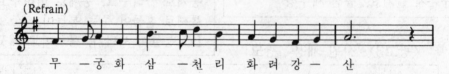

무 ―궁화 삼 ―천 리 화 려강 ― 산

Rose of Sharon, thousand miles of range and ri - ver land!

대 한사 람 대 한―으 로 길 이 보 전하 세

Guarded by her peo - ple, e - ver may Ko - re - a stand!

Music: Eak-tae Ahn / English Translation : John. T. Underwood

-154-

Appendices

* English Translations of the Main Texts
* Vocabulary
* Grammatical Items

Lesson 1

In a Taxi

Taxi Driver :   Come in. Where to?(lit. Where shall I take you?)

Young Woman : Seoul Station, please.

Taxi Driver :   All right

Young Woman : Please drive a little slower. I'm shaking.

Taxi Driver :   What? You say the car's shaking?

Young Woman : No. We're going too fast. I'm frightened.

Taxi Driver :   Ha, ha. You're frightened? Then close your eyes tight, like me.

Young Woman : What? Oh, my gosh!

* * * * * * * * *

Taxi Driver :   All right. We're here.

Young Woman : Already?

Taxi Driver :   You really did have your eyes closed!

Young Woman : Of course. I was really frightened.

Taxi Driver :   That'll be ₩4,800.(lit. The fare is ₩4,800.)[1]

Young Woman : All right. Here you go.

Taxi Driver :   Lady, this is only a ₩1,000 bill!!

Young Woman : I guess you open your eyes when you get paid, huh?

Taxi Driver :   What? (sigh.)

---

1. The Korean monetary unit is the won(₩). There are 1, 5, 10, 50, 100, and 500won coins, and 1,000, 5,000, 10,000 won bills

Lesson 2

Cars and Trucks

Woman : Excuse me. Would you please take a look at my car? It's making a funny noise.

Man : Is that so? Let's have a look. Hmmm. How's the engine oil? Hey, there's hardly any oil on the dipstick! Shall I change the oil for you?

Woman : I'm really busy right now. I'll bring it in later to get it changed, so would you mind just smearing a little oil on the dipstick for right now?

Man : What?

* * * * * * * *

Man : Hey, lady! What's the idea coming in here so suddenly without even turning on your turn signal?

Woman : Oh! I'm sorry. I'm a beginning driver, you see. I forgot.

Man : Can't you see that full tank of gas on my truck? What's more, my brakes don't work very well.

Woman : Don't frighten me! I'm very timid. You were once a beginner yourself, weren't you? Try to understand.

Man : What? Are you saying that "Frogs don't remember when they were tadpoles?"[2]

Woman : That's not what I mean.

---

2. A Korean saying meaning that people often forget their beginner stage once they become experienced at something.

Lesson 3

Names

Mother   : Why are you so late? You were out playing, huh?

Sun-Yong: Mom, who named me Sun-Yong?

Mother   : I did. Why do you ask?

Sun-Yong: I think you named me very well.

Mother   : Why?

Sun-Yong: Because at school everybody calls me Sun-Yong. How did you know that in advance?

* * * * * * * *

Mother   : Do you happen to know your older sister's name?

Sun-Yong: Mom! Do you think I'm stupid? Her name is Mun-yong.

Mother   : That's right. How did you know that?

Sun-Yong: Because you and Dad call her that.

Mother   : And you didn't make it up yourself?

Sun-Yong: I think I know what you're talking about. Everyone calls me Sun-Yong because of you!

Lesson 4

Rounding Numbers

Passerby : How far is it from here to the nearest subway station?

Sun-Hee : It's 2.1km.

Passerby : Ha, ha. You're very funny person.

Sun-Hee : What do you mean?

Passerby : Usually we round off the last digit when we talk about distances like that.

Sun-Hee : I did round off the last digit.

* * * * * * * *

Sun-Yong : Mun-Yong, isn't it funny?

Mun-Yong : What are you talking about this time? You never run out of question! (lit. with no bottom nor end)

Sun-Yong : For big things we just round it off, but for little things we try to be really precise.

Mun-Yong : Like What?

Sun-Yong : How many grams is a *kŭn*[3] of potatoes, and how many kilograms is a *kwan*[4]?

Mun-Yong : A *kŭn* is 400 grams, rounted up from 375, and a *kwan* is 4 kilograms.

Sun-Yong : Then what about a *ton*[5] of gold?

Mun-Yong : I get it. You want to know why you don't round up for gold, but make one *ton* exactly 3.75grams.

Sun-Yong : You really are smart, Mun-yong.

Mun-Yong : Even you know which one is more expensive, don't you?

---

3. Korean traditional unit of measure, equal to 400g. when used for vegetables, 600g. when used for meat.
4. Korean traditional unit of measure, equal to 4kg. when used for vegetables.
5. Korean traditional unit of measure for gold, equal to 3.75g.

Lesson 5

Unreasonable Selfishness

Wife :   Our son says he got the best grades in his class.

Husband : Really? Of course he'll get a prize, won't he? I wonder what it'll be. I hope it's that new(model) electric shaver.

Wife :   I hope it's a pearl necklace to go with my new clothes.

Husband : You always were selfish.

Wife :   Look who's talking!(lit. The in-law talks like a stanger.[6])

Husband : Then how about a nice, fair ticket for the whole family to visit *Chejudo*[7]?

Wife :   Let's not count our chickens before they hatch.(lit. The person who will give the rice cakes[8] has not even considered (giving them) yet, and you want to go ahead and drink the *kimch'i* soup[9]!)

* * * * * * * *

Young Woman : What are you thinking right now?

Young Man :   Hmm? Oh. The same thing you are.

---

6. This proverb is used to refer to someone who points out other's faults, while ignoring his own.
7. The largest island in Korea, located south of the mainland. As it is quite a distance from the mainland, it has developed its own unique culture and has a noticeably different climate and linguistic dialect. The beautiful mountain *Halla-san* and high quality tourist facilities make it a popular vacation and honeymoon spot.
8. *Ttŏk* is a general name refering to all kinds of food made by steaming dough made from grain flour. The most common kind is made from rice flour, and is often translated "rice cake".
9. The idea is that since *kimch'i* soup is usually drunk with rice cakes, drinking the soup first is premature. *Kimch'i* is the most famous Korean "side dish" made from cabbage or cucumber, pickled with red peppers, salt, green onions, garlic, and other spices.

Young Woman : What? You dirty boy! You want to give me a hug
right here?!
Young Man :　　(Sigh.) God!

Lesson 6

In a Tea House

Customer : Waitress, can I buy coffee and put it in this thermos bottle, instead of drinking it here?

Waitress : Of course.

Customer : How many cups do you think will fit in this thermos?

Waitress : At least six cups.

Customer : Then put in two cups with cream and sugar, two cups black, and two cups with only cream, please.

* * * * * * * *

Man : You are really beautiful. If you have some time, would you care to join me for a cup of tea?

Woman : No. I'm busy.

Man : Then, what about tomorrow evening?

Woman : I'm busy tomorrow evening too.

Man : Is that so? Then I guess it won't work out. Please forgive me for bothering you.

Woman : Wait a minute! I'm free the day after tomorrow!

Lesson 7

Free of Charge

Old Man : What is this line for?

Child : They're giving away presents to children.

Old Man : Really?

* * *

Shop Girl :Sir, we only give presents to children here.

Old Man : I know. I'm a child too, to my mother.

Shop Girl :Oh, I see. Then would you mind coming back with your mother?

* * * * * * * *

Salesman : Greetings!

Today I am going to introduce to you a new automobile vacuum cleaner.

It's much stronger than the one you've been using, can clean those hard-to-reach corner, and has a cord twice as long as the old models.

During this promotional period, we will give to everyone who purchases this vacuum cleaner a high quality suitcase, and a wallet and belt set as a token of our appreciation.

Customer : How much is the vacuum cleaner?

Salesman : ₩ 30,000.

Customer : How much is that high quality suitcase, wallet and belt set?

Salesman : That's free.

Customer : Really? Can I get just the suitcase, wallet and belt set?

Lesson 8

Conscience

Wife :   What's going on, dear? Why did you buy me such a pretty ring?

Husband : Do you like it?

Wife :   Of course I like it. Regardless of whether it's pretty or not, this is the first ring I've gotten since my wedding ring. Is today some kind of special day?

Husband : It's not a special day. I saw it at the department store and liked it, so I bought it.

Wife :   Honey, tell me while I'm in a good mood(lit. while I'm speaking to you nicely). What was it you did to me that you shouldn't have?

* * * * * * * *

Wife :   Come in, tell me. What did you do wrong?

Husband : Do wrong? I didn't do anything wrong.

Wife :   Then, you must want something badly, right?

Husband : No, it's nothing like that. What makes you think that?

Wife :   Today is the first time you've ever put a ₩ 10,000 bill in the offering plate.

Husband : Did I do that?

Lesson 9

Mail

Customer : I'd like to send this present by registered express mail, please.

Clerk : ·　Where are you sending it?

Customer : To Pusan.

Clerk :　Let's see how much it weighs. Put ₩ 4,580 worth of stamps on it and leave it at Window 3.

Customer : What? Why is the postage so expensive? The postage is more expensive than the present! The "belly button is bigger than the belly[10] !"

Clerk :　Is that so? Maybe you should buy more expensive presents from now on.

Customer : ???

* * * * * * * *

(The frightened mail carrier finally delivers the accumulated mail, because of a registered letter.)

Mail Carrier : Anybody home?

House Owner : Yes. Come in?

Mail Carrier : Please stamp here.[11]

House Owner : What is it?

Mail Carrier : Registered mail.

House Owner : What are these? A lot of these letters are quite old!

Mail Carrier : Yes. This is the first time I've come here since you moved in.

House Owner : Why? No one comes to visit me, and I've been longing to receive a letter.(lit. All I wait for is mail.)

Mail Carrier : It's because of the signs in front of your house.

---

10. This saying means that something secondary or incidental is larger in scale than the primary or main thing. It is often used for financial matters.
11. Koreans use a carved stamp, called a *tojang*, rather than signing important documents. Foreigners usually can use their signature instead of a stamp.

Lesson 10

Presents

Mun-Yong : Today is Parents' Day,[12] so take it easy. I'll make some
food instead of(giving you) a present.

Mother : But you've never tried cooking. Can you even make
Cup Ramen [13] right?

Mun-Yong : You see, I watched carefully what you did before.

Mother : All right. Then shall I do as I'm told and take it easy?

— — — — —

Mother : Will it take much longer? What's the name of the food
you're making now?

Mun-Yong : I haven't done anything yet. I'm pre-heating the
microwave.

* * * * * * * * *

Husband : Honey, *Ch'usŏk*[14] is the day after tomorrow. Did you get
new *Ch'usŏk* clothes[15] for the kids?

Wife : I didn't bother to buy new clothes. We can just have *Ch'a-
rye*[16] and eat *Songp'yon*[17], can't we?

---

12. This holiday was originally borrowed from the United States to honor mothers.
It is celebrated every year on May 8, and has been called *Obŏi-nal* since 1974
to honor fathers as well as mothers.
13. Korean Cup o' Noodles
14. The Harvest Moon Festival, celebrated on August 15 by the lunar calendar.
Along with the Lunar New Year(*Sŏllal*), this is the most important traditional
holidays. Koreans hold a memorial ceremony for their ancestors with food
made from new crops, and visit their graves, cutting the grass and otherwise
tending for them. Many traditional games are also played on this day.
15. There is a tradition of buying new clothes and shoes to wear on *Ch'usŏk*.
There is a similar tradition for the lunar New Year's Day(*Sŏl-bim*), but not for
any other holiday.
16. Ceremony for paying respect to deceased ancestors, originally practiced on the
first and 15th day of every month, as well as traditional holidays and the
ancestor's birthday. Food, fruit and traditional liquor are placed on the
ceremonial table and offered to the ancestors.
17. A special kind of rice cake eaten at *Ch'usŏk*, made by steaming on a bed of pine
needles for flavor and color. It is filled with red beans, soybeans, chestnuts, etc.,
and is shaped like a half moon.

Husband : Then shouldn't we at least get presents for them? They're bound to be disappointed.

Wife : Hey, I have a good idea!

Husband : What is it?

Wife : That new fully-automatic washing machine.[18]

Husband : What? That's not a present for the kids. That's for you!

Wife : We can call it a present for the kids, and I'll just borrow it. After all, it's very expensive.

Husband : Regardless of how expensive it is, what kind of present is that for children?

Wife : Did I go a little too far?

---

18. A semi-automatic washing machine is one that has two separate compartments —one for washing, the other for spin-drying—and the operator has to move the clothes from one to the other. A fully-automatic washing machine combines these two functions in one compartment.

Lesson 11

A Father's Heart

Father :　Why were you out so late? Do you know what time it is?

Mun-Yong :I was on a date with Sang-Min.　And 8 : 00 p.m. isn't very late.

Father :　I think it's all right for you to have dates with your boyfriends and go to places like outdoor theaters and cocktail lounges. I just want you to wait until you're old enough.

Mun-Yong :Old enough?

Father :　Like until you're about 30. When I was young, boys and girls weren't allowed to even sit together after they were seven.[19]

Mun-Yong :That was when you were young. Don't you know that nowadays boys and girls automatically sit together after they're seven?

* * * * * * * * *

Father :　Do you have any (free) time this Saturday?

Sun-Hee :　When on Saturday? Why do you ask?(lit. Do you have some event/activity?)

Father :　Your aunt said she wanted to see you in the evening.

Sun-Hee :　She is going to try matchmaking again, isn't she?

Father :　That's right.

Sun-Hee :　I find going out, drinking tea, and talking with potential husbands burdensome.

Father :　She said he's a really nice young man. Good education,

---

19. This is an old custom based on Confucian thought.

good looking, good job, good family.

Sun-Hee : She says that every time. (lit. Did she ever say the man she was introducing wasn't nice?)

Father : I see. You only have eyes for Sang-Min. But you can't marry Sang-Min.

Sun-Hee : I'm going to wait until you say I can.

Father : As long as I'm alive (lit. Until the (grave) dirt goes in my eyes), you can't marry him.

Lesson 12

Birthdays

Mun-Yong : For my birthday this year, I'm gonna invite everybody I know. So we have to have the most expensive food on the menu, and you have to get the finest champagne. And you have to get every moment of the birthday party on videotape.

Mother : Have you told your father?

Mun-Yong : No, not yet.

Mother : Okay. Let me know when you're going to tell him. I think I ought to get that on videotape first.

* * * * * * * *

Man : Come in, come in! Thank you all for coming!

Friend : Time sure flies! It seems like you got married only a few days ago, and the baby's 100 day party[20] was only yesterday, but it's already her first birthday.[21]

Man : I know what you mean.

Friend : So what did she reach for first? The thread? The money? The pencil?

Man : I want her to be good in school, so I put the pencil closest to her on purpose. A pretty-colored one.

Friend : So what happened?

Man : Just like I expected. She reached for the pencil first.

Friend : You devil! You can't just set things up like that.

Man : Do you think I went too far?

---

20. In Korea, a party is held for a baby when it is 100 days old.
21. When a baby turns one year old, his or her parents hold a party called *a tol janch'i*, on which the baby is placed in front of a table with a pencil, a thread, and some money on it. If the baby reaches for the pencil, he or she is believed to become a scholar, the thread implies longevity, and the money prophesies riches. Other important first anniversaries are also called *tol*.

-170-

Lesson 13

Korean Proverbs

Employee : Come in. What are you looking for?

Customer : I need a pretty bird feeder. You see, my children really like birds.

Employee : We're all out of bird feeders right now. Come back next Sunday afternoon with your children. There will be a program introducing various kinds of birds, which will be helpful to the children. At that time, I'll also show you the bird feeder you want.

Customer : Good. That's like killing two birds with one stone.[22]

Employee : Umm. We try not to say things like that in this store.

* * * * * * * * *

Paperboy : Newspapers! *Hankook Ilbo, Dong-A Ilbo, Kyong-Hyang Shinmun, Sports*[23] !

Customer : Give me one paper, please.

Paperboy : Which paper would you like?

Customer : *Chosun Ilbo.*

Paperboy : Here you are.

Customer : How much is it?

Paperboy : ₩ 500, please.

Customer : ₩ 500?! It says ₩ 300 here.

Paperboy : Sir, you mustn't belive everything you read in the papers.

Customer : What? But everyone else charges ₩ 300.

Paperboy : This is really frustrating! Don't you know that "Cheap

---

22. This saying is much the same in Korean and in English.
23. Korea has several "Sports" newspapers, which also feature cartoons and entertainment news, in addition to sports news.

stuff is *ttŏk* made from bean curd dregs[24]?"(You get what you pay for.)

---

24. *Piji-ttŏk* is generally considered inferior to other kinds of *ttŏk*. And the word
    Piji-ttŏk. is often used to refer to anything of inferior quality.
    Piji are the dregs left over after squeezing out the liquid to make bean curds.

Lesson 14

Questions

Sun-Yong : Why isn't *"Soljikhi"* written *"Soljigi"*?

Father : I don't know.

Sun-Yong : Is it right that Mt. *Halla-san*[25] is 1950 meters tall?

Father : I don't know.

Sun-Yong : What was the capital of *Shilla*[26]?

Father : I don't know.

Sun-Yong : Who was it that made the *"turtle ships"*[27]?

Father : I don't know.

Sun-Yong : I'm bothering you with all these questions, aren't I?

Father : No, it's all right. You have to ask a lot of questions if you want to learn something.

Sun-Yong : Do I have to keep asking questions even if I'm not learning anything?

* * * * * * * *

Teacher : All right, I'll end class here. If you happen to have any questions, ask them.

Students : ······.

Teacher : Any question is all right. Go ahead and ask.

Student : Uh, then how many hairs do you have on your head[28]?

Teacher : What? Not that kind of question. Ask about something you don't understand from the book.

---

25. A 1950m(6400ft.) dormant volcano located on *Chejudo*. There is a lake called **Paengnok-dam** located on the top, and supports frigid, temperate, and sub-tropical plant life. It is very beautiful and is a Korean national park.
26. One of the "Three Kingdoms", *Shilla* united the Korean peninsula in the seventh century.
27. The *"turtle ships"* were the world's first iron-clad ships, and were used by the Koreans to defeat the Japanese fleet in the 16th century. They were invented by admiral *Yi Sun Shin*.
28. In Korea, a teacher is always called *"Sŏnsaeng-nim"*, not by his or her name, as in the United States.

-173-

Student : Okay. Then, how many letters are there in this book?
Teacher : (sigh.)

Lesson 15

Hobbies

Man : Do you like sports?

Young Woman : Yes. I like participating better than watching.

Man : What kind of sports are you interested in?

Young Woman : I like swimming.

Man : I like swimming too. Can you stay underwater for a long time?

Young Woman : I can stay down for about 5 minutes.

Man : I can stay down for about 10 minutes.

Friend : Is that so? My uncle went in the year before last, and he still hasn't come out.

* * * * * * * *

Man : What kind of hobbies you have is also very important. Because it's related to how relaxed and easy-going you are.

Woman : That's true. Listening to music, watching movies, and collecting stamps or coins could be called good hobbies.

Man : So what is your hobby?

Woman : My hobby is reading.

Man : What? You say reading is your hobby?

Woman : Sure. Is that strange?

Man : Of course it's strange. Reading shouldn't be a hobby, it should be a part of your life.

Woman : Then what is your hobby?

Man : My hobby is cooking.

Woman : Cooking? Then what dish do you make best?

Man : Maybe you're familiar with it. Cup ramen.

Woman : !!!

Lesson 16

A Bank

Teller : How may I help you?(lit. What did you come here for?)

Customer : I want to make a withdrawal, but I didn't bring my cash card.

Teller : Then you have to fill out a withdrawal form.

Customer : How many do I have to fill out?

Teller : One, of course.

— — — — —

Teller : Sir, I'm afraid you'll have to fill this form out again.

Customer : Why? What's wrong?

Teller : You have to write the amount in *Hangul*, not arabic numerals, you see.

Customer : Really? I didn't know that.

* * * * * * * *

Teller : May I help you?

Customer : Do you lend money, too?

Teller : Of course, Lending money is one of the basic services of a bank.

Customer : Then please lend me ₩2,000.

Teller : What? ₩2,000?

Customer : Why are you suprised? I'm a little short of lunch money.

Teller : We don't lend such small amounts, you see.

Customer : What do you mean? A little while ago you called it a basic service. Are you talking out of both sides of your mouth?(lit. making two sounds with one mouth) Lend me the money.

Teller : All right. We'll lend it to you. But first you have to bring us the loan-preparation documents. Loan Application,

Certificate of Seal Impression[29], a copy of your Citizen's Registration Card,[30] your House Register, Certificate of Joint Liability, Property Tax Receipt,....

---

29. A document certifying that one's personal seal, or *tojang,* is valid. The seal is registered at the administrative office of one's neighborhood, or *dong.* Unlike the West, in Korea this seal has greater legal validity than a signature.
30. This card is issued to every Korean citizen when he or she turns 17, and has the person's photograph, birthdate, home town, and registration number on it. The registration number is assigned to every child after he or she is born and the birth is registered with the local government. It is different for every individual and reflects that person's date of birth and sex.

Lesson 17

A (Cheap) Restaurant

Waitress :   Come in. There's a table free.

Wilson :   The food here must be good.

Mun-Yong :   (It's popular) mainly because it's inexpensive.

Waitress :   What would you like to eat?

Wilson :   I'll take the *Kimch'i Tchigae*.[31]

Mun-Yong :   I'll have the *Toynjang Tchigye*.[32]

* * * * * * * * *

Mun-Yong :   Excuse me, waitress?

Waitress :   Did you call me?

Mun-Yong :   What is this? There was a rock in the rice!(lit. A rock
              came out of the rice)

Waitress :   Really? But ma'am, you didn't expect there to be a
              pearl in ₩ 4,000 meal, did you?

Waiter :   Come in. Have a seat here.

Customer :   Thank you.

Waiter :   Thank you for coming to our restaurant.

Customer :   What is the special today?

Waiter :   Today the Barbecued Ribs and *Pindae-ttŏk*[33] is very good.

Customer :   And?

Waiter :   After you have the Barbecued Ribs and *Pindae-ttŏk*, I
              think you should have *naengmyon*[34] made right here in

---

31. A hot stew made from *kimch'i* and various other things(tofu and clans).
32. A hot stew made *toynjang* and various other things.
33. A kind of Korean pancake, made from ground beans, regetables and beef.
34. Literally "cold noodles", this dish, including several kinds of vegetables, a slice
    of pear, half a hard-boiled egg, and meat in addition to the noodles, is
    especially popular in the hot summer months.

our restaurant.

Customer : Then give me three servings of ribs to start with.

Waiter :　　I suppose someone else will be joining you?

Customer : No. Just me.

Waiter :　　Yes. I see.

Customer : Ah, wait a minute? I can eat on credit can't I?

Waiter :　　What? Umm, read the writing on that wall out loud.

Customer : "Cash today, credit tomorrow."

Lesson 18

The Airport

Employee : Kid, how old are you?

Child : Nine.

Employee : You know what happens if you tell a lie, don't you?

Child : Yes. I get to ride for half fare.

* * * * * * * *

Passenger : What the heck is going on? It's two hours past the scheduled departure time!

Employee : Don't worry too much. Your ticket is vaild for six months.

* * * * * * * *

Customs Officer : Next, please.(lit. Come!) I guess you've had a long trip, eh?

Passenger : Yes, I'm returning from America.

Customs Officer : I guess you were there a long time, judging from how many bags you have.

Passenger : I wasn't there very long.

Customs Officer : Do you have anything to declare?

Passenger : Nothing.

Customs Officer : What's all this liquor here?

Passenger : Why do you ask? Is that a problem?

Customs Officer : Yes. Only two bottles are duty free, you see. I'm afraid you'll have to pay a tax.

Passenger : Isn't there some way to ....

Customs Officer : Some way to what?

Passenger :　　　Some way to not pay the tax?

Customs Officer : A way to not pay the tax⋯ There is **one** way.

Passenger :　　　What's that?

Customs Officer : To abandon everything you've brought.

Lesson 19

Parcel Claim Area

Policeman : I'm here to pick something up.

Clerk : When and from where was it sent?

Policeman : It was sent yesterday afternoon from Taegu.

Clerk : And what is your name?

Policeman : It's Kim Ki-Bŏm.

Clerk : Please write your citizen's registration number and name on this piece of paper.

Policeman : There you go.

Clerk : May I see your driver's license please?

Policeman : Excuse me? All right.

— — — — —

Clerk's friend : Why did you ask to see his driver's license?

Clerk : I've always wanted to ask a policeman to show me his driver's license, you see.

* * * * * * * *

Customer : If I want to send something, what should I do?

Clerk : What kind of thing is it?

Customer : It's kind of book.

Clerk : Where are you going to send it?

Customer : Pusan.

Clerk : How much does it weigh?

Customer : Ummm.

Clerk : How big is it?

Customer : Ummm.

Clerk : Did you at least write the name and address of the

recipient? Hand me the thing you want to send. I'll have to weigh it.

Customer : Here it is.

Clerk : Let's see, that'll be ₩12,000.

Customer : Really? What shall I do? Um,(sir), I only have ₩10,000 now. Will you deliver it only ₩10,000 worth for now? For ₩10,000 it should get as far as Taegu, should't it?

Clerk : ???

Lesson 20

A Park

Husband :   What do you think? Nice scenery, quiet....

Wife :   It's very nice. Shall we go sit on that bench for a while?

Husband :   Let's do that.

Is this seat taken?

Strange Man : No, it's not.

Husband :   Then, excuse me(for sitting here).

- - - - - -

Passerby :   Did you happen to see a bag that was here?

Husband :   A bag?

Passerby :   I had to use the toilet in a hurry, so I left my bag here. It's kind of big.

Wife :   It seems someone has taken it.

Passerby :   I was worried about that, so I left a note on it saying "This bag belongs to a *ssirum*[35] wrestler."

Husband :   What's that piece of paper there?

Passerby :   Hmmm. What? "Taken by a marathon runner"?

* * * * * * * *

Sun-Hee :   What happend, Yong-Min? To leave me standing here in the park and come forty whole minutes late. I've decided to go after waiting another 5 minutes.

Yong-Min : Whew. Don't even ask. It was a traffic accident, and....

---

35. *Ssirum* is an ancient traditional Korean form of wrestling, in which the opponents grab the cloth band worn around each other's thigh and try to throw each other to the ground. The winner is traditionally awarded a calf as a prize.

Sun-Hee : When? Where?

Yong-Min : Just now, on my way here.

Sun-Hee : What? Are you all right? Are you hurt?

Yong-Min : Why do you ask? Get hurt? Me?

Sun-Hee : You said you were in a traffic accident!

Yong-Min : It wasn't my car, it was another car.

Sun-Hee : What? Then why were you so late?

Yong-Min : I was watching the accident, and I lost track of the time, what else?

Lesson 21

A Hospital

Doctor : Let's have a look here. Take a deep breath.

Patient : (exhales)

Doctor : That sounds much better. (lit. Your respiration sound has improved a lot.) Have you been coughing much?

Patient : The night before last I coughed a lot. It didn't improve much last night either.

Doctor : I see. I'll have to give you another shot today.(lit. Get just one shot today, too, before you go.)

Patient : What? In that case, I didn't cough.

* * * * * * * * *

Nurse : Address, please?

Patient : 56-1 *Shillim-dong, Kwanak-gu*, Seoul.[36]

Nurse : Whom should we contact in an emergency?

Patient : Excuse me? You mean if my life is in danger?

Nurse : Yes. When we have to contact somebody.

Patient : Well, I'd appreciate it if you'd call my doctor.

---

36. In Korea, the items in an address are listed in reverse order from America. Seoul is the capital of the Republic of Korea as well as the political, economic, cultural and commercial center. Since the *Chosun* period it has been called *Hansŏng, Kyŏngsŏng,* and after 1945, Seoul. It is marked by the mountains *Samgak-san, Inwang-san, Surak-san, Kwanak-san,* and *Nam-san,* the ancient Korean palaces of *Ch'angdok-gung, Kyŏngbok-gung,* and *Tŏksu-gung,* and particularly by the Han River, which runs east to west through southern Seoul.

Lesson 22

The Zoo

Mun-Yong : What on earth happend to you? I told you not to be late!

Chin-Su : Oh, sorry, I missed the bus.

Mun-Yong : What? There's bus every 5 minutes, and you're 30 minutes late.

Chin-Su : You see, I missed several buses.

Mun-Yong : On purpose, in order to be late?

Chin-Su : Let's stop quarreling and go in. (lit. Let's not quarrel, but rather go in.)

Sun-Yong : That's right. He said he was sorry.

Chin-Su : I'll buy the tickets. Two girls, three guys. How much is that all together?

Ticket Seller : What? Guys and girls are the same price. (lit. There's no distinction between sexes)

* * * * * * * * *

Sun-Yong : Hey, look at that tiger! He looks very dashing and manly.

Mun-Yong : He sure does! Now shall we go over towards the monkey cage?

Sun-Yong : They say that humans' ancestors were monkeys.

Mun-Yong : Really? I wonder when that monkey will become a human.

Sun-Yong : There's something written there.

Mun-Yong : "Don't feed the animals."

Sun-Yong : Do they mean we're not supposed to love the animals?

Lesson 23

A Movie Theater

Husband : Hurry up, dear. We'll be late.

Wife : What time is it?

Husband : 4 : 30

Wife : Then we have plenty of time

Husband : Let's go. It'll take a lot of time to get a taxi and buy our tickets and everything.

Wife : You mean you didn't buy the tickets in advance?

Husband : I didn't have time to buy them in advance. (lit. I would have had to have time to buy them.)

Wife : Then we probably won't be able to see the 6 : 00 show.

* * * * * * * *

Wife : (sigh) What are all these people doing here?

Husband : (As I've heard or experienced) it really is crowed on holidays. Let's get in line over there.

Man : Excuse me. Why are you getting in the middle of the line?

Husband : Oh was I? I'm sorry.

* * * * * * * *

Husband : Did someone step on your foot on their way out a little while ago?

Moviegoer : (expecting an apology) Yes. You did.

Husband : I thought so. Honey, this is our row!

Lesson 24

A Museum

Mun-Yong : Would you like to (lit. Shall we) go to museum sometime?

Wilson : Sure. How about right now?

Mun-Yong : Today?

Wilson : Why? Are you busy today?

Mun-Yong : I think tomorrow would be better than today. Museums are more crowded (lit. There are more people) on public holidays[37] than on normal days.

* * * * * * * * *

Wilson : Wow. Amazing. How old is this relic?

Mun-Yong : 1,501 years old. I know because last year when I came here, they said it was 1500 years old.

Wilson : Was there a country here that long ago (lit. at that time too)?

Mun-Yong : Sure. That was the Three Kingdoms Period.[38]

Wilson : Your country's history is a lot longer than that of my country!

Mun-Yong : Let's rest for a while (before going on).

Wilson : Why? Do your feet (lit. legs) hurt already?

Mun-Yong : Yeah. You must be a lot sturdier than I am.

Wilson : I wouldn't say I'm sturdy. I'm just very curious.

Mun-Yong : Cultured people don't touch the articles on display. Be careful. That thing's 1000 years old.

---

37. Every Sunday is also considered a "public holiday."
38. The "Three Kingdoms" were *Koguryŏ*, *Paekje*, and *Shilla*, and the "Three Kingdoms Period" lasted from around the first century B.C. until *Shilla* united the peninsula in the seventh century. The next era is called the United *Shilla* Period.

Wilson :   Don't worry. I'll treat it like something new.

Mun-Yong : (sigh) You're not supposed to take pictures either. And of course you shouldn't smoke or litter either.

Wilson :   Okay, okay! I know about that kind of thing better than you do.

Lesson 25

Toothpaste

Customer : I'd like some toothpaste, please.

Employee : For yourself?

Customer : For me, my wife, and my children.

Employee : I see. You want a multipurpose toothpaste.

Customer : No, I just want a toothpaste for brushing teeth with.

Employee : At our store we have 45 different kinds of multipurpose toothpaste.

Do you use an electric toothbrush, or an old fashioned manual toothbrush?

Customer : (blushing) An old-fashioned manual toothbrush.

Employee : (look of sympathy) We have 32 kinds of toothpaste for use with conventional toothbrushes.

Customer : Just give me one of anything.

Employee : You probably want the kind of toothpaste that freshens your breath and cleans your teeth, don't you?

Customer : That's it exactly.

Employee : This toothpaste contains no iridium.

Customer : What's that?

Employee : Iridium makes your teeth as white as new-fallen snow and lasts for 12 hours. Teeth shine in the dark from more than 3 meters away.

Customer : Fine. Give me one with iridium.

Employee : Of course you'd like one with fluorine?

Customer : Of course.

Employee : We have two kinds of designs : stripes and checks.

Customer : Fine.

Employee : Then white and red checks would be good. Oh! There's something we mustn't forget. Your wife will be able to use this toothpaste too. Is your wife's hair black or brown?

Customer : It's brown.

Employee : Then I'd like to recommend yellow toothpaste.

Sir, we have four sizes : Extra Large, Large, Medium, and Small toothpaste.

Customer : Just give me a small travel size, please.

When I was young, we even brushed our teeth with salt. Why is it so complicated?

Employee : Exactly which countries will you be visiting? Because....
....

Vocabulary
(Number's refer to Lesson.)

-193-

ㅂ

ㅅ

ㅇ

-205-

ㅊ

Grammatical Items

*(Roman numbers(I, II, III) refers to books
and Arabic numbers(1, 2, 3···)to lessons.)*

집필	총괄	이상억	서울대 인문대 국문과 및 어학연구소
	1권	한미선	서울대 대학원 및 뉴욕주립대
	2권	윤희원	서울대 사범대 국어교육과
	3권	한재영	한신대 국문과 및 동경 외국어대
	보조	최은규	서울대 어학연구소
삽화/사진		이은미	
영어 교열		David Baxter	서울대 인문대 국문과

Korean through English 3 한국어 3

발행일 / 1992년 11월 24일 제1판 1쇄
1996년 12월 20일 제2판 1쇄
1999년 3월 25일 제3판 1쇄

편찬 / 서울대학교 이상억 외
서울특별시 관악구 신림동 산56-1
전화 : 880-5483

저작권자 / 대한민국 문화관광부
서울특별시 종로구 세종로 82-1
전화 : 720-4926, 722-1328

발행 / (주)한림출판사
서울특별시 종로구 관철동 13-13
전화 : 735-7554 Fax : 730-5149
http://www.hollym.co.kr
e-mail:hollym@chollian.net

미국 동시 발행 / HOLLYM International Corp.
18 Donald Place, Elizabeth, NJ 07208
Tel : (908) 353-1655   Fax : (908) 353-0255
http://www.hollym.com